教育信息化的时代发展
与创新研究

吴 翔 著

吉林人民出版社

前　言

人类进入智慧时代，世界处于百年未有之大变局，中国日益走近世界舞台中央，进入高质量发展时期，越来越接近实现伟大的中国梦，教育面临前所未有的大挑战、大变革，教育引领社会、中国教育引领世界教育将成为新的发展趋势，在挑战与机遇并存的新时代，必须重塑教育技术学专业。

教育信息化是新时代教育技术学专业人士的主战场与建功立业的战略高地，教育技术学专业毕业生既是新时代的信息技术教师，又将成为新时代教育信息化的建设者、管理者、服务者、研究者、创新者、引领者。信息技术不仅具有高速发展性、分蘖成长性、渗透生长性、行业颠覆性等特点，而且是极具活力的技术，对教育具有革命性影响，当今的教育信息化已成为教育现代化的内生变量、重要内涵和显著特征，将支撑引领智慧时代的教育信息化，进一步加强基础设施和信息资源建设，重点推进信息技术与现代化教育的深度融合，促进教育内容、教学手段和方法现代化，创新人才培养、科研组织和社会服务模式，推动教育信息化的时代发展与创新，促进现代教育质量全面提高。

全书一共分为七章，第一章是教育信息化的概述；第二章主要阐述了教育信息化的发展历程；第三章主要阐述了教育信息化的理论；第四章主要阐述了教育信息化与教育均衡发展。第五章主要阐述了教育信息化的资源；第六章主要阐述了教育信息技术与课程整合；第七章主要阐述了教育信息化的重要创新——翻转课堂。

为了确保研究内容的丰富性和多样性，作者在创作过程中参考了大量理论与研究文献，在此向涉及的专家学者们表示衷心的感谢。

最后，限于笔者水平，加之时间仓促，本书难免存在疏漏，在此，恳请同行专家和读者朋友批评指正！

吴　翔

2022 年 3 月

目　　录

第一章　教育信息化的概述 1
　　第一节　教育信息化的基本内涵与特征 1
　　第二节　教育信息化的要素概述 21
　　第三节　教育信息化的时代化定义 26

第二章　教育信息化的发展历程 30
　　第一节　教育信息化的起点与发展阶段 30
　　第二节　我国教师信息化教学能力的提升历程 43

第三章　教育信息化的理论 54
　　第一节　现代教育传媒理论 54
　　第二节　知行创合一与协同认知理论 61
　　第三节　信息化环境下的教与学理论 74

第四章　教育信息化与教育均衡发展 82
　　第一节　教育信息化环境下的义务教育均衡发展 82
　　第二节　自适应学习系统中领域模型的构建 101

第五章　教育信息化的资源 114
　　第一节　教育信息化资源概述 114
　　第二节　教育信息化资源的收集 121
　　第三节　现代远程教育资源建设与应用 124
　　第四节　信息化学习平台的设计与运用 135

第六章　教育信息技术与课程整合 146
　　第一节　教育信息技术与课程整合概述 146
　　第二节　教育信息技术与课程要素的整合 152
　　第三节　教育信息技术与课程整合的形态 157
　　第四节　教育信息技术与课程整合实践案例 164

第七章　教育信息化的重要创新——翻转课堂 170
　　第一节　翻转课堂的由来与发展概述 170

第二节　翻转课堂的作用与效果分析..................................172

第三节　翻转课堂在实践中的限制条件和面临的挑战.........................176

第四节　探讨中国与西方翻转课堂的本质特征.............................180

第四节　中国式翻转课堂的未来发展..................................187

参考文献...190

第一章 教育信息化的概述

第一节 教育信息化的基本内涵与特征

一、教育信息化的基本内涵

（一）教育信息化的内涵

"教育信息化"这一术语是一个东方文化背景下的概念。教育信息化确切的内涵究竟是什么，学界似乎还没有一个比较权威、全面的阐释。尽管国内有不少学者对这一概念做过认真的探讨，并对"教育信息化"的含义从不同角度做过比较深入的论述，但是令人遗憾的是，这些探讨或论述往往都停留在对这一术语的部分含义或某些特征进行描述或论证的阶段，尚未达到给出"教育信息化"确切定义的水平。换句话说，就是对这一概念的基本内涵还不能够准确地把握。另外，在这些探讨或论证中还往往出现以下两种概念上的混淆。

第一，将"教育信息化"和"教育技术"混淆，这二者无疑是有密切关系的，但是并不能等同。

第二，将"教育信息化"和"信息化教育"混淆，这二者之间的关系可以说比"教育信息化"和"教育技术"更为密切，但是依旧不能等同。

按照《现代汉语词典》的解释，"'化'字可作为后缀加在名词或形容词之后构成动词，表示转变成某种性质或状态"。教育技术领域著名学者何克抗教授解释："化"字作为后缀加在名词或形容词之后确实可以形成一个动词，但这个动词的含义并非如《现代汉语词典》的解释那样，只有一种含义——"表示转变成某种性质或状态"，而是有两种不同的情况：

第一，"化"字加在形容词之后成为一个新动词，该动词一般是及物动词，其含义是使它的作用对象（直接宾语）具有相关形容词所表征的性质或状态，如绿化（祖国）、美化（某种事物）、丑化、强化、弱化、深化、淡化等。

第二，"化"字加在名词之后也成为一个新动词，该动词一般是非及物动词，其含义是使原来名词所表征的内涵、作用与功能扩大，使之能在更大的范围、更广阔的领域或更多的部门得到体现，如工业化、机械化、网络化、智能化、信息化等。

我们认为，"信息化"属于第二种情况而非第一种情况。其含义是使"信息"这一名词所表征的内涵、作用与功能扩大，使之能在更大的范围、更广阔的领域或更多的部门得到体现。由于"信息技术"是关于"信息"如何获取、分析、存储、变换、加工、传输与利用的技术，也就是使"信息"所表征的内涵、作用与功能充分体现并进一步扩展，所以"信息化"在很多情况下也被看作"信息技术化"，其含义是使"信息技术"这一名词所表征的内涵、作用与功能扩大，也就是使信息技术能在更大的范围、更广阔的领域或更多的部门得到应用与推广。

根据以上分析，我们可以把"教育+信息化"所组成的复合名词"教育信息化"的含义顺理成章地理解为"信息与信息技术在教育、教学领域和教育、教学部门的普遍应用与推广"，这也许是"教育信息化"这一术语比较全面而准确的基本内涵。

理解教育信息化的这一内涵，应当特别关注以下两个要点：

第一，教育信息化是包括信息与信息技术在教育、教学中的应用与推广，而非仅仅指信息技术这一个方面在教育、教学中的应用与推广。

第二，教育信息化在教育、教学中的应用与推广涉及教育、教学领域和教育、教学部门这两大范畴（前者侧重教育、教学中的应用，后者侧重行政管理或教学管理中的应用），而非仅仅涉及教育、教学领域或教育、教学部门其中的一个范畴。

教育信息化在强调应将信息与信息技术在整个教育领域和教育部门中应用与推广的同时，必须把重点放在教学领域（其中又包括教学过程、教学资源、教学评价等几个方面）的应用与推广。不抓住这个重点，教育信息化就会本末倒置、迷失方向，很难取得显著成效。

（二）教育信息化与信息化教育

1. 信息化教育的概念

信息化教育的概念是在 20 世纪 90 年代伴随着信息高速公路的兴建而提出来的。所谓信息化教育，是指以现代信息技术为基础的教育形态。

教育的目的是培养全面发展的人才。我们所说的全面发展是学识、智慧、情感、责任性、学习能力综合发展。信息化教育是"教育"加了限定词"信息化"后的组合词，说明信息化教育只是教育的一种特定表现形式，一种特定的教育形态，它有具体特定的目标。除了信息化教育以外，还存在着其他各种形式的教育，各自有其具体的目标，比如，"大数学教育""大语文教育"。

2. 信息化教育的特征

（1）技术层面。从技术层面上看，信息化教育的基本特点是数字化、网络化、智能化和多媒化，这是数字聚合带来的直接结果。

第一，数字化。从广义上讲，主要是指以计算机为基础的数字化技术。数字化使得教育技术系统的设备简单、性能可靠、标准统一。

第二，多媒化。以计算机为基础的多媒体技术使得信息媒体设备一体化、信息表征多元化。

第三，网络化。当今的数字化信息网络做到了"天网"（如数字卫星通信、移动数字通讯系统）和"地网"（目前以 Internet 为主）合一。网络化的优点是资源共享、时空不限、多向互动、便于合作。

第四，智能化。人工智能成为信息化教学系统的核心技术，智能化将使得系统能够做到教学行为人性化、人机通信自然化、繁杂任务代理化。

（2）教育层面。从教育层面看，信息化教育具有以下特点：

第一，教材多媒体化。教材多媒体化就是利用多媒体，特别是超媒体技术，建立教学内容的结构化、动态化、形象化表示。已经有越来越多的教材和工具书多媒体化，它们不但包含文字和图形，还能呈现声音、动画、录像以及模拟的三维景象。在这样的多媒体学习材料中，各画面之间好像有无形的链条相互串联，这种无形的链条被称为超链接，这种带超链接的多媒体又称为超媒体。俗话说，书是死的，人是活的。有了超媒体"电子书"之后，活人读死书的时代将一去不返，因为多媒体教材本身就是活的书。如何把"活书"设计好？如何把"活书"学好？这是信息化时代的教师和学生面临的新问题。

第二，资源全球化。利用网络，特别是互联网，可以使全世界的教育资源连成一个信息海洋，供广大教育用户共享。网上的教育资源有许多类型，包括教育网站、电子书刊、虚拟图书馆、虚拟软件库等。对于我国教育来说，一大问题是网上信息资源的建设缺乏统一的标准，造成了资源建设的低水平自治和难以共享的问题。依据网络教育资源标准进行资源建设将是资源全球化的发展趋势。

第三，教学个性化。利用人工智能技术构建的智能导师系统能够根据学生的不同个性特点和需求进行教学和实现帮助。为了做到这一点，学生个性的测定，特别是认知方式的检测，将成为教育研究的重要课题。

第四，学习自主化。由于以学生为主体的教育思想日益得到认同，利用信息技术支持自主学习已成为必然的发展趋向。事实上，超文本或超媒体之类的电子教材已经为自主学习提供了极其便利的条件。

第五，任务合作化。要求学生通过合作方式完成学习任务也是当前国际教育的发展方向。信息技术在支持合作学习方面可以起到重要作用，其形式包括通过计算机的合作（网上合作学习）、在计算机面前的合作（如小组作业）、与计算机的合作（计算机扮演学生同伴角色）。

第六，管理自动化。我们熟知的计算机管理教学（CMI）包括计算机化测试与评分、学习问题诊断、学习任务分配等功能。目前的发展趋势是在网络上建立电子学档，其中包含学生电子作品、学习评价信息等。利用电子档案可以支持教学评价的改革，实现面向学习过程的评价。

第七，环境虚拟化。教育环境虚拟化意味着教学活动可以在很大程度上脱离物理空间、时间的限制，这是网络化教育的重要特征。现在已经涌现出一系列虚拟化的教育环境，包括虚拟教室、虚拟实验室、虚拟校园、虚拟学舍、虚拟图书馆等，由此带来的必然是虚拟教育。虚拟教育可分为校内模式和校外模式。校内模式是利用局域网开展网上教育，校外模式是指利用广域网进行远程教育。在许多建立了校园网的学校，如果能够充分开发网络的虚拟教育功能，就可以做到虚拟教育与实在教育结合，校内教育与校外教育贯通，这也是信息化学校的发展方向。

值得指出的是，尽管我们在这里用了那么多的"化"，但并不是说教育中必须时时如此、处处如此，它只是反映了一定的发展趋势。

3. 教育信息化与信息化教育

（1）辨析教育信息化与信息化教育相关性的意义及启示。长久以来，人们往往把教育信息化和信息化教育混为一谈，一方面，认为教育信息化就是信息化教育；另一方面，随着信息化教育工作的深入发展，一些人夸大信息化教育的作用，甚至用信息化教育取代教育信息化。为了克服这两种偏向，使两者协调发展，厘清教育信息化与信息化教育的联系与区别，显得尤为必要。明确两者的关系，不仅有利于信息化理论工作者更加清晰和深刻地理解教育信息化与信息化教育的概念、本质、特征与内涵，帮助他们更好地开展理论研究，还有助于教育实践工作者明晰各自的职责，从而推动教育信息化与信息化教育的可持续发展。处理好教育信息化与信息化教育的关系，在实践中注意防止教育信息化评估过程中重信息技术轻教育理念倾向、在信息化教育中重教育理念轻信息技术的倾向，如此方能使各自朝着健康、正确的方向快速发展，最终实现教育现代化。

（2）教育信息化与信息化教育的区别。从概念界定上看，教育信息化与信息化教育是两个概念。教育信息化是信息与信息技术在教育、教学领域和教育、教学部门的普遍应用与推广。信息化教育，则是指以现代信息技术为基础的一种特定的教育形态。

从功能和语义上看，教育信息化与信息化教育是两个现象、两类活动、两种文化。作为社会现象，他们具有不同的社会功能：教育信息化的目的是促进社会信息化、国家信息化和教育现代化；信息化教育的目的是培养适应信息时代和国家信息化需要的高素质创新人才，实现教育的现代化。作为人类活动，它们具有不同的发展方式：教育信息化的核心在"化"，是向着某种标准行进的一种复杂的动态过程；信息化教育的出发点和落脚点则是在"教育"上，因此，它是一种教育模式，一种现代化的教育过程和教育形态，是一种经现代教育理念和现代信息技术双重改造后的结果。

（3）教育信息化与信息化教育的联系。教育信息化是教育、教学领域和教育、教学部门为适应信息化社会的发展要求，营造信息应用环境，整合教育资源，促进和审核教育教学改革，在教学、科研、学习、管理、后勤服务等各方面全面运用并推广信息和信息技术，实现教育教学信息化的过程，其结果必然是形成一种特定的、全新的教育形态——信息化教育。也就是说，我们通常把教育信息化看作追求信息化教育的过程，信息化教育是教育信息化这一过程必然出现的现象。

教育信息化与信息化教育既有一定的区别，又存在着密切的联系，两者相辅相成。信息化教育的实施离不开教育信息化的进展程度，而信息化教育的发展又有力地推动着教育信息化的进程。准确把握两者的关系对于我们的理论研究和实践探索都具有重要的作用和意义。

3. 教育信息化与教育技术

"教育技术"与"教育信息化"关系密切，二者常被混淆。

（1）AECT对教育技术的定义。1970年，美国政府的一个专业咨询机构教育技术委员会在给总统和议会的一份报告中指出："教育技术是按照具体的目标，根据对人类学习和传播的研究，以及利用人力和非人力资源的结合，从而使教学更有效的一种系统的设计、实施、评价学与教的整个过程的方法。"

　　国际教育传播与技术协会（AECT）以学术规范形式对教育技术进行如下定义：教学技术是关于学习资源和学习过程的设计、开发、利用、管理和评价的理论和实践。

　　此定义刻意将教育技术的研究范围聚焦于教学技术，并在其附加说明中指出使用这一名称是为了突破其应用范围的限制，教学技术既适合于教育领域，又可用于企业训练领域。定义中没有直接描述媒体，表明教育技术已经从硬技术进化到软技术，即以技术方法和方法论为主体。当然，这并不排斥媒体在现代教育技术中的作用，它实际上是学习资源与学习过程的支撑技术。该定义将教育技术的研究对象表述为关于"学习过程"与"学习资源"的一系列理论与实践问题，改变了以往"教学过程"的提法，体现了现代教学观念从以教为中心转向以学为中心，从传授知识转向发展学生学习能力的重大转变。学习过程是学习者通过与信息、环境的相互作用获取知识和技能的认知过程，学习资源是学习过程中所要利用的各种信息和环境条件。新的教学理论要求学生由外部刺激的被动接受者转变为能积极进行信息处理的主动学习者，而教师要提供能帮助和促进学生学习的信息资源和学习环境。从 21 世纪社会发展和人类发展的需求出发，建造一个能支持全面学习、自主学习、协作学习、创造学习、终身学习的社会教育大系统。

　　2004 年 6 月，AECT 的定义与术语委员会试图对教育技术定义做进一步修订，提出以下草案，并计划于 2005 年做最后审定后发布，因此，学术界习惯称之为 AECT ' 05 定义：教育技术是通过创建、使用、管理适当的技术过程和资源以促进学习与改进绩效的研究和合乎伦理道德的实践。

　　从 AECT ' 94 定义到 AECT ' 05 定义，教育技术的内涵和外延发生了一系列的变化，通过对定义本身的解读，可以看出：

　　1）研究对象的变化。在"94 定义"中，教育技术的研究对象是学习过程和学习资源，而"05 定义"则聚焦于促进学习和改进绩效的技术性的过程和资源，其概念不如"94 定义"宽泛。另外，从"教学技术"回归到"教育技术"，把技术的教育应用范畴扩大了，表明采取了面向整个社会的大教育观。

　　2）研究目的的变化。在"05 定义"中，教育技术的目的描述为以下两个方面：第一，促进学习。这表明教育技术在发展过程中更加强调学生自主性。第二，改进绩效。这表明教育技术在发展过程中重视结果，同时说明技术不光可以支持学习，还可以支持工作。

3）研究范畴的变化。在"05 定义"中，教育技术的研究范畴由"94 定义"的五个方面缩减为三个方面。第一，将设计和开发合并为创建，是指为了产生各种学习环境而涉及的研究性、理论性和实践性活动，这一变化蕴含了不断创新的意蕴。第二，将评价融合于创建、使用、管理的过程中，加强了形成性评价，这一变化反映了经常评价、持续改进的现代管理学理念。第三，强调技术的适用性和实践的社会规范约束，这一变化体现出新定义中技术哲学的理性思维。

4）理论基础的变化。在"94 定义"和"05 定义"中对于其理论基础虽然都没有给出明确的说明，但从措辞上可以获取这样的理论暗示："94 定义"偏重客观主义认识论和现代主义价值观，"05 定义"偏重建构主义认识论和后现代主义价值观。

5）研究形态的变化。在研究形态上，"94 定义"界定为"理论"与"实践"，"05 定义"则界定为"研究"与合乎伦理道德的"实践"。首先，将理论改为研究，表明了教育技术工作者不仅能够运用理论，还肩负了理论探究和建构的使命。"研究"一词的使用，更加体现了教育技术的研究是一个动态的过程，是一个不断前行的过程。其次，"实践"这一研究形态，"05 定义"特别强调了"合乎伦理道德"这一定语，把教育技术的发展与伦理道德结合起来，用伦理道德去引导和规范教育技术实践。

2017 年，AECT 再次发布了教育技术的新定义：Educational technology is the study and ethical application of theory, research, and best practices to advance knowledge as well as mediate and improve learning and performance through the strategic design, management and implementation of learning and instructional processes and resources. 即教育技术是对理论研究与最佳实践的探索及符合伦理道德的应用，主要是通过对学与教的过程和资源的策略性设计、管理和实施，以促进知识的理解，调整和改善学习效果。

1994 版的"Instructional"表明当时 AECT 对"教育技术"的理解还停留在传统教学层面，而在 2007 年和 2017 年的版本中改成了"Educational"，表明对"教育技术"的内涵已经做了扩展和延伸，不再局限于教学层面。比如，在 1994 年时，无论学校教学还是企业培训，教学往往都有老师/培训师和学生/培训生，教和学交替发生。到了 2005 年，有些学习已经可以不需要老师直接参加，比如利用电脑跟着软件学习或进行在线学习。到了 2017 年，很多学习活动已经可以不需要老师参与，甚至不用发生在教室或房间，在移动设备上可以开展，在游戏中可以开展，在虚拟空间里可以开展。学习的目的也由为了学历学习变成了更多种目的，比如为了职业技能而学习、为了自我成长而学习等。鉴于"教育"的内涵与形式都大大扩展了，因此把"Instructional"改成"Educational"十分合理。更多比较，此处不做过多讲解。

2. 教育技术的本质特征

（1）作为操作性系统。从广义上说，技术指人类在改造自然、改造社会、改造自身的全部活动中，所应用的一切规则、方法和工具的总和。简言之，一切有效用的操作性体系都属于技术的范畴。

按照操作对象区分，技术系统可以分为硬技术和软技术。硬技术系统的操作对象为自然物和人工物（作为系统输入），产生的结果是物化的技术制品（Technical/Technological Artifact），或称为"硬制品"（作为系统输出）。软技术系统的操作对象为社会人文要素，产生的结果是非物化的概念制品（Conceptual Artifact）或行为制品（Behavioral Artifact），可统称为"软制品"。

硬技术系统与软技术系统具有交互作用。软技术需要一定的硬技术作为支撑，硬技术过程和制品中大多隐含软技术的内容。教育技术是以软技术为主、硬技术为辅的系统。

从教育技术作为一种操作性系统的角度来说，其本质特征可以表述为，经由一定的技术过程、以设计作为核心活动并产生目标导向的过程。

（2）作为实践领域。教育技术是具有很强实践意义的应用学科，按行为主体的不同，可以分为面向专业工作者的教育技术、面向职业工作者的教育技术及面向学习者的教育技术。

面向专业工作者的教育技术代表教育技术专家的实践领域，其行为特征是"他用设计"，其目标是为他人（职业工作者、学习者）创建技术性的资源。面向职业工作者的教育技术在通常意义上转变为绩效技术，兼有他用设计和与用设计的特点，与用设计的特点一方面表示职业工作者通常利用已有的技术资源进行设计，另一方面表示经常与专家或同事进行合作设计；教师作为一类特殊的职业工作者，从本质上讲也是要利用技术改善绩效。面向学习者的教育技术具有在用设计或用户中心设计的特点，即身处一定的学习环境中进行内部认知操作，属于真正的学习技术。

（3）面向教师的教育技术。为了促进我国中小学教师教育技术能力的发展，教育部颁布《中小学教师教育技术能力标准（试行）》，《标准》分为"教学人员教育技术能力标准""管理人员教育技术能力标准""技术人员教育技术能力标准"三个相对独立的部分，每一部分都包括"意识与态度""知识与技能""应用与创新""社会责任"四方面的能力描述。

该标准是从能力结构角度来描述面向教师的教育技术的。从实践角度来看，教师们可以围绕其工作主线来开展教育技术应用活动，主要包括：

第一，开发和利用各种学习资源。任何领域都利用各种资源来工作，教育技术所涉及的是能用来促进学习的资源。学习资源就是学习者能够与之发生有意义联系的知识信息、设备工具、环境、学习活动及其服务（由教学人员提供）。有些资源是专门为学习目的而设计的，它们被称为"设计的学习资源"。另外有些资源是为其他目的所设计，而能为学习者所利用的，它们被称为"利用的学习资源"。

第二，用系统方法设计和组织教学过程。各种学习资源并不是总能够促进教学，关键在于如何将其有效综合利用。因此，许多有识之士早就把眼光放在教育学系统的各个组成部分的联系及其整体组织上，关注使用科学的系统方法来理解和开发作为整体的各个层次的教育系统，包括教学媒体在内的学习资源仅是教学系统的组成部分之一。

教育技术中的系统的方法的运用是一个计划、开发和实施教育的自我纠正的、逻辑的过程。其步骤为：阐释和分解既定的教育目标、分析满足目标所需要的教育任务和内容、制定教学策略和学习策略、安排教学顺序、选择教学媒体、开发和确定必要的学习资源、评价教学策略和学习资源的效果、修改策略和资源直到有效。这种有效性体现在效能（Efficacy）、效率（Efficiency）、效力（Effectiveness）、伦理（Ethicality）和优美（Elegance）五个方面，这五个方面简称为"5E"。

第三，改进工作效能与支持自我发展。在教育技术实践领域，教师的角色是双重的：既是教育工作者又是终身学习者。一方面，作为一种特殊的工作者，教育技术也成为改进教师工作效能的绩效技术：开发和使用各种学习资源的过程，应用系统方法设计和组织教学的过程，都是利用技术改进工作绩效的实践。为此，教师需要掌握适用的技术工具，以便对技术资源按照教学的要求进行再设计，与专家、同事或其他相关人员进行合作与交流，对学生的学习过程进行有效的评价与管理，教育技术的有效应用，成为提高教师工作成效的重要因素。另一方面，现代社会要求教师成为终身的学习者，才能胜任教师的专业要求。为此，提供专业发展的资源、支持专业实践者共同建设、为实践反思提供工具和平台教育技术又成为教师自我发展的实践场。

3. 从电化教育、教育技术到信息化教育

"电化教育"是我国特有的名词，在我国最早出现于 20 世纪 30 年代。对于电化教育这个名称，《中国大百科全书》中定义为："利用幻灯、投影

器、电影、无线电广播、电视、录音、录像、程序学习机和电子计算机等教学设备及相应的教材进行的教育活动。"传到国外,《国际教育词典》把它解释为"中文用以说明借助收音机和电视之类所进行的教育的术语"。显然,电化教育这个概念对其所涉及的传播媒体的范围有明确的规定,即限于电能和电子传播媒体。

20世纪80年代以来,我国开始采用国际通行的教育技术作为学科名称,但是电化教育至今仍被广泛使用。从概念的本质上说,教育技术与电化教育是相同的,两者都具有应用学科属性,目的都是要取得最好的教育效果,实现教育最优化。两者的特点、功能以及分析、处理问题的方式也是相同或相近的,都是利用新的科技成果去开发新的学习资源,并采用新的教与学的理论、方法去控制教学过程。

但是从概念的涵盖面来看,教育技术的范围要比电化教育广泛得多。"'AECT ' 94"定义中就说明教育技术指的是所有的学习资源,包括与教育有关的一切可操作的要素。而电化教育所涉及的则主要是利用科技新成果发展起来的声、像教学媒体。由此,在处理问题的方法方面,教育技术主要采用了系统的方法,它所考虑的是整个教育的大系统,即"教与学总体过程的系统方法"。在具体实施过程中,它能运用于教育系统的不同层次,可以是教育规划方面的宏观问题,也可以是课程开发层次的问题,还可以是具体的课堂教学过程中的问题。而电化教育虽然也用系统的方法来考虑、处理问题,但它的重点放在电子传播媒体的选择、组合和应用的小系统。当然,电化教育有时也涉及较大范围的问题,不过更多的情况是以大中系统的其他因素作为不变条件,而主要去研究小系统的控制和变化效果。

如此看来,电化教育是教育技术的一个部分,是教育技术发展到一定阶段的产物,是注重现代媒体的开发和利用的阶段性的教育技术,是狭义的教育技术。到了20世纪90年代中后期,随着以计算机网络为基础的信息通信技术开始在教育中得到广泛应用,国内开始出现了信息化教育的概念。我们认为,同电化教育概念一样,信息化教育也是教育技术的从属概念,代表教育技术发展的新阶段。

二、教育信息化的特征

(一)教育信息化的基本特征

教育信息化具有以下三方面的主要特征:一是能够创设信息化教学环境,

二是可提供信息化教学资源（含各种学习工具软件），三是可在信息化教学环境下实现教育思想、教学观念、教与学方式以及课堂教学结构的变革。

在全国教育信息化工作现场会上，教育部领导具体部署了"三通两平台"建设和"两项重点工作"的正式启动。"三通"是指，基本实现"宽带网络校校通"，初步实现"优质教学资源班班通"，大力推进"网络学习空间人人通"。"两平台"是指"数字化教育资源公共服务平台和教育管理信息系统平台。"两项重点工作"：一是"改善教学点的教学条件，实现教学点数字化教学资源全覆盖"；二是"加大教师应用信息技术能力的培训力度"。教育部大力倡导与推行的"三通两平台"，正是比较理想的"信息化教学环境"与"信息化教学资源"（即前两方面特征）的具体落实，也是对实现教育信息化所追求"效果、效率、效益"目标的强有力支持。

教育信息化的第三方面的特征——"可在信息化教学环境下实现教育思想、教学观念、教与学方式以及课堂教学结构的根本性变革"则是指：教育思想要由传统的"以教师为中心"，转变为既要充分发挥教师在教学过程中的主导作用，又要突出体现学生在学习过程中主体地位的"主导－主体相结合"的教育思想。教学观念要由只是强调"传递－接受"的灌输式观念，转变为既强调"有意义的传递接受"，又非常关注"教师主导下的学生自主探究"，即要将这两方面有机结合起来的新型教学观念，也就是"有意义传递－主导下探究相结合"的教学观念。

教学方式要求教师应由"口授－板书－演示"为主的灌输方式，转向更多地关注对学生的"启迪、诱导和点拨"。学习方式要求学生应由只是"耳听－手记－练习"的被动接受方式，转向强调"自主－合作－探究"的主动探究方式。课堂教学结构则要由"以教师为中心"的传统教学结构转变为既能充分发挥教师在教学过程中的主导作用，又能突出体现学生在学习过程中认知主体地位的"主导－主体相结合"的课堂教学结构。

由以上分析可见，正是因为教育信息化具有上述内涵与特征，所以才有可能对促进义务教育的优质、均衡发展，实现教育公平（尤其是至关重要的"教育结果公平"）提供强有力的支持。

（二）教育信息化的新时代特征

1. "人人、处处、时时"的教育理念

习近平总书记在《致国际教育信息化大会的贺信》中强调："因应信息技术的发展，推动教育变革和创新，构建网络化、数字化、个性化、终身

化的教育体系，建设'人人皆学、处处能学、时时可学'的学习型社会，培养大批创新人才，是人类共同面临的重大课题。"这一重要论断已经成为我国推进教育信息化的指导思想，在《教育信息化"十三五"规划》《教育信息化 2.0 行动计划》等重要教育信息化文件中充分反映，并在实践中不断得到体现。

近年来，全国各省市充分运用信息网络技术拓展学习者的学习渠道、丰富平台学习资源、提供及时的个性化学习支持服务。随着终身学习成为社会共识，人们不仅在日常生活中更加留意随时随地可能发生的学习，同时也希望有一个满足随时随地可用的数字化学习平台。经过多年的建设，学习数字化平台已经遍布全国各地，并以学习者综合发展为根本，以开放式、智能化和超便利为方向，采用远程、开放、自主的学习形式，构建出融合门户网站以及线上线下学习支持服务等组成的教育网，搭建了一个全民学习、终身教育的数字化学习平台，提供了适时、有效、灵活、多样的泛在学习服务和管理支持服务。据相关部门统计，我国省级社区教育网站基本实现了全覆盖，而市县级社区教育网站在数量增长的同时更多地倾向于依托所属省级社区教育网站，形成了"省—市—区县"网站群。①

以在线教育为例，在线教育自 20 世纪末在线学习（e-Learning）概念在世界范围内兴起以来，得到了迅速发展。通过在线教育手段，教师和学员借助网络平台，即使相隔万里也可以开展教学活动。学员借助网络课件可以随时随地进行学习，真正打破了时间和空间的限制，对于工作繁忙、学习时间不固定的在职人员而言，网络远程教育是更加便捷的学习方式。近年来，我国在线教育发展迅猛，在线教育的形式多样，比如游学网、新华网校、沪江网校、新东方网校、中华会计网校等。2020 年，随着新冠肺炎疫情的暴发，在线教育逐渐升温。全国从大学到小学，从企业到社区，人们开始转向线上学习。2020 年 4 月 28 日，中国互联网络信息中心（CNNIC）发布的《中国互联网络发展状况统计报告》显示，截至 2020 年 3 月我国在线教育用户规模达到 4.23 亿，较 2018 年底增长 2.22 亿，占网民整体的 46.8%。面对如此巨大的学习需求，在线教育迎来了发展的黄金时期。与此同时，随着 5G 时代的到来，移动互联网、云计算、物联网等新兴技术将进一步融入在线教育当中，改变人类的学习方式，在线教育将在教育体系中承担着更加重要的角色。

---

① 教育部社区教育研究培训中心. 中国社区教育发展报告（2015—2017）[M]. 北京:国家开放大学出版社，2019：94.

2. "开放、共享、包容"的教育生态

教育信息化提供的是"人人、处处、时时"的学习支持服务，包括基于信息技术支撑的学习环境、学习资源和学习方式，强调学习者的主体地位，注重激发学习者的积极性、主动性和创造性，实现信息技术与终身学习的深度融合。这就决定了其学习环境、学习资源、学习方式必须是开放的、共享的和包容的。同时，"开放、共享、包容"的含义是多方面的，既应验了互联网的基本精神，也体现了教育的基本生态，涉及学习平台、资源如何向社会开放，平台、资源之间如何开放与共享，平台、资源的学习体验如何更加友好等诸多问题。因此，信息化建设不管是政府推进还是商业化运营，其开放、共享、包容的特征将越来越凸显。

目前，我国各地教育网站的开放与共享，首先体现在对广大公民的全面开放，即不管是本地的还是外省市的、不管是在职的还是退休的、不管是年长的还是年幼的，为其提供了海量的课程资源、丰富的学习活动和项目，从而吸引了众多居民、企事业单位员工的积极参与。同时，平台提供了必要的公共接口，包括能够将已有设备及软件系统集成、嵌入到教育网络平台，对已有的课程资源进行改造、整合后装入平台资源库，开通了移动学习等多终端的学习途径，极大地方便了学习者的多种需求。近年来，全国各地都在探索平台互通、资源共享的技术途径与方法，加大研发具有良好体验的学习平台，努力实现平台功能的拓展和资源效能的提升，助力了"易学、乐学、享学"的学习氛围。

各类在线教育也积极遵循开放共享理念，体现出对终身教育更大范围的开放度。2020年8月，腾讯教育高层在首届生态峰会上宣布开启全新战略升级，腾讯课堂从B2B、B2C在线职业教育平台升级为综合性教育平台，并发布了全新的内容、产品及生态战略。同时，腾讯课堂发挥自身平台的能力和资源优势，联动行业协会、高校、企业及教育服务商等合作伙伴，构建教育产业互联平台与生态，助力网络信息教育迈入全新阶段。从内容上看，腾讯课堂此次战略升级囊括了课程内容、产品能力、开放生态三大维度。腾讯教育高层表示，"腾讯课堂致力于搭建在线终身教育'立交桥'，连接上下游的各个端口，实现学员、教育机构、院校、企业间的无缝衔接，真正畅通无阻、高效地向社会输送高技能人才"。除腾讯课堂外，目前国内的CC Talk直播平台、钉钉在线等在线教育平台，也具备面向各种人群开展学习的功能，成为支持全民终身学习的重要开放平台。

（三）教育信息化的中国特色

1. 党的领导是中国教育信息化科学发展的政治保证

中国教育信息化既是全人类教育信息化的重要组成部分，具有一般教育信息化的共性，同时作为一项极其重要的社会事业，又是在中国共产党的领导下进行的。党的领导是中国教育信息化健康发展的政治保证，这主要体现在思想引领和组织领导两个方面。在思想上，中国教育信息化是中国共产党教育思想指引下的教育信息化，中国教育信息化经验和理论本质上是政策在教育信息化领域中的映射，反映了中国共产党利用教育信息化带动教育现代化的基本思路。在组织上，中国教育信息化是在中国共产党领导下的高度集中、协调、组织和推进的信息化。中国共产党的组织领导是中国教育信息化顺利开展的组织保证。

2. 中华五千年文明是中国教育信息化发展的文化根基

文化是民族的灵魂，优秀文化则是民族繁衍生息过程中浓缩的精华，虽然无形却对民族国家的方方面面产生深刻影响。民族文化传统是现代化的基础、前提、立足点和出发点。中国教育信息化不是无根之树，是在中国五千年文明沃土上进行的实践探索，例如信息技术促进教育公平可以在论语"有教无类"等思想中找到源头；儒家思想所倡导的"整体利益论"则是调动各方力量参与教育信息化建设的根本哲学思想基础之一；终身学习则受"无一事而不学，无一时而不学，无一处而不学，成功之路也"的影响；"和而不同"的思想更是对教育信息化的国际包容性发展产生了深刻的影响。

3. 中国社会经济环境是中国教育信息化发展的现实依据

教育信息化的发展需要雄厚的经济基础做支撑，因此，在中国社会经济发展的不同阶段，中国的教育信息化也形成了不同的理论格局。新中国成立初期教育信息化发展缓慢，伴随着改革开放以来中国经济的持续发展，教育信息化逐渐形成了早期的以媒体工具应用为核心的工作经验。伴随着信息技术的快速发展，教育信息化基础建设得以快速推进，形成了以资源开发、工程建设、信息技术与教育、教学深度融合理论为核心的教育信息化理论雏形。

（四）教育信息化的政策特征

教育信息化的发展离不开教育信息化政策的制度设计保障，实践表明，教育信息化发展的过程也是教育信息化政策实践的过程，所出现的各类问题也与相关政策活动密切相关。

1. 年度分布与主体变化视角的政策发展特征

政策制定时间、颁发单位等都属于政策文件的基本属性信息，通过这些信息我们可以发现政策沿革的承接关系和参与主体的变化特征等。通过对收集到的教育信息化政策文件相关属性信息进行量化统计分析，可以发现我国教育信息化政策发展明显以国家教育改革与发展政策为导向，政策颁布和实施主体日趋多元化。

（1）以国家教育改革与发展政策为导向。党的领导是中国特色社会主义最本质的特征，从党中央、国务院到教育部再到地方，构成了我国推进教育信息化发展的基本程式。通过历年的教育信息化相关政策发布数据可以看出，党中央、国务院发布了国家教育改革与发展重要文件后，带来一次教育信息化政策的集中涌现。如 1999 年中共中央、国务院发布了《关于深化教育改革全面推进素质教育的决定》，对新世纪我国教育改革与发展进行全面设计，随后四年有 20 项教育信息化相关政策相继出台。2012－2014年再次出现政策的集中涌现，这次是以 2010 年《国家中长期教育改革和发展规划纲要（2010－2012 年）》（以下简称《纲要》）的颁布为先导，有 24项相关政策颁布实施。这说明党和国务院关于国家教育改革与发展的重大决策对于教育信息化政策的制定和实施具有重大影响。进一步结合政策文本内容可以发现，政府在组织制定教育信息化政策时常常会积极地寻求党中央会议精神作为支持依据。如 2004 年开启的"农远工程"是"贯彻落实《国务院关于进一步加强农村教育工作的决定》精神"的重要举措；2012年《教育信息化十年发展规划（2011－2020 年）》（以下简称《规划》）也是以"全面落实《纲要》对教育信息化建设的总体部署和发展任务"作为政策依据。2021 年教育部工作重点指出，启动并尽快完成《教育信息化中长期发展规划（2021－2035 年）》以及《教育信息化"十四五"规划》，召开第三次全国教育信息化工作会议。印发《关于推进"互联网+教育"发展的指导意见》。以信息化为重点，以提升质量为目标，推进教育新型设施建设，研究构建高质量教育支撑体系。深入实施教育信息化 2.0 行动计划，加快推进教育专网建设，普及数字校园建设与应用。印发关于加强中小学线上教育教学资源建设与应用的意见，完善国家数字教育资源公共服务体系，建设国家中小学网络云平台。深化网络学习空间应用普及行动，全面提升师生信息素养。持续开展网络条件下的精准扶智，深化"三个课堂"应用。

探索教育信息化试点示范，推进智慧教育创新发展行动和"百区千校万课"引领行动。推动形成教育系统数据资源目录和数据溯源图谱，制定教育基础数据标准规范，实现有序共享。推进教育"互联网+政务服务"工作。可见，教育信息化政策是我国教育改革与发展的重要组成部分，具有明显的以国家教育改革与发展上位政策为导向的特征，这也是教育信息化建设取得巨大成就的保证。

（2）政策颁布与实施主体日趋多元化。政策文件的颁布机构不仅能够体现政策级别，还提供了该政策的制定者和实施者构成等相关信息。通过教育信息化相关政策颁布实施主体参与情况量化统计发现，随着教育信息化战略地位的提升，我国教育信息化政策的颁布和实施主体日趋多元。2000 年以前，教育信息化相关政策主要由教育部及其下属部门制定和发布，其中原教育部或原国家教委发布了 10 项政策，基教司发布了 2 项政策，中学司发布 1 项政策，广电部、电子工业部、中国科协、国家计委、国防科工委等只是少量参与。进入新世纪以后，国家发改委和财政部开始参与相关政策的制定和实施，尤其是在"农远工程"之中，从早期的方案制定到推进实施和后期评估，几乎所有重要政策都是由教育部、国家发改委和财政部联合制定和发布的。2010 年以后，教育信息化被提升到国家战略高度，多部委联合制定和颁发政策逐渐开始成为一种常态，包括科技部、人力资源和社会保障部、工业和信息化部在内的越来越多的国家部委开始参与其中。

2020 年全国教育信息化工作视频会议指出，加强教育信息化基础设施建设，促进优质教育资源的共建共享，持续提升师生信息素养，深化网络条件下教学模式改革，提高教育治理信息化水平，做好教育系统的网络安全保障是未来我国教育信息化工作的重要发展方向。各级教育单位必须不断健全教育信息化管理体制，不断完善多方参与的政策环境，完善多元化投入格局。加强教育信息化工作的队伍建设，开展教育信息化专题培训。

教育信息化政策制定和颁布主体日趋多元化，表明国家在不断加大顶层设计，更加系统地、更大力度地推进教育信息化。多部门共同制定和实施政策则为教育信息化建设提供了更加有力的支持和保障。目前，我国教育信息化工作由教育部主管，并已建立了部级协调小组，各级教育行政机构内部也初步建成由领导专门负责的多部门协同工作机制。

2. 关键词和主题词视角的政策目标特征

（1）以教育公平和教育质量为核心价值。戴维·伊斯顿（David Easten）认为，公共政策是对全社会的价值作权威的分配。教育政策的价值选择"蕴涵着政策制定者对于政策的期望或价值追求"[①]。对政策文本中有关意义和目的相关内容的关键词词频统计发现,"现代化""教育公平""教育质量"等宏观目标类关键词出现次数最多,均超过 20 次,说明在以实现教育现代化为目标的教育改革与发展背景下,促进教育公平和提高教育质量是贯穿我国教育信息化发展的主线。结合各项政策的"基础设施""资源""教师""教学"等政策主题词还可以看出,我国教育信息化政策始终将推动教育教学改革、提高教育质量、为社会培养信息化人才作为重要目标。同时,还始终关注利用先进的信息技术手段来促进教育公平、推动教育均衡发展。如为了实现"两基"目标,国家安排了一系列针对中西部、农村等教育薄弱地区的教育信息化专项政策支持,"差异""农村""城乡""贫困""共享""民族"等以教育公平为内涵的词汇更是频繁出现在教育信息化政策文本中。《规划》突出了"教育现代化""共享""人人""学习""水平""支撑服务""管理"等政策主题,体现出促进教育公平、提高教育质量的价值取向。习近平总书记在世界教育信息化大会贺信中再次明确了我国教育信息化"促进教育公平""共享优质教育"的核心价值追求。

（2）多元目标取向。对政策文本中有关意义和目的相关内容的关键词词频统计发现,关键词频次分布具有明显的层级特征,高频词聚类分析也显示了这一点（见图 1-1）。

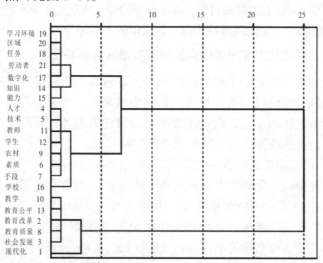

图 1-1　政策意义和目的相关内容的高频关键词聚类分析图

[①] 刘复兴. 教育政策的边界与价值向度[J]. 清华大学教育研究, 2002（1）: 70—77.

结合各项政策中有关意义和目标的文本表述我们可以发现，政府在制定教育信息化政策时总是期望获得最大收益，政策目标一直是多元结构的（见图1-2）。

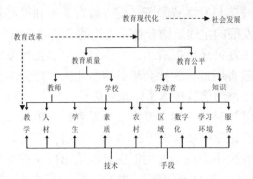

图1-2　教育信息化政策的多元目标结构图

现有政策的多元目标构成中，既有以"实现教育现代化""培养信息化人才""促进教育公平""提升教育质量"为代表的宏观目标，又有"促进教育教学内容方法和模式改革""缩小区域、城乡之间教育差距""提高信息技术教育应用水平"为代表的中观目标，还有以"扩大优质教育资源共享""提高学校管理信息化水平""提高教师信息化教学能力""提高学生自主学习能力、终身学习能力"为代表的微观目标。政策目标的多元既反映了党和政府对教育信息化的多重期待，又体现对教育信息化认识的不断加深。

3. 话语表述和内容解读视角的政策推进和实施特征

政策文本不仅包括了对目标的阐释，还包括关于政策内容的设计和如何推进实施的建议或说明。从国内研究现状来看，有关教育信息化政策内容方面的研究较为丰富，此处主要通过政策话语表述方式和文本内容解读来分析总结我国教育信息化政策推进和实施特征。

（1）以政策推进作为主要手段。

①从教育信息化政策文件的颁布方式来看，"通知"是最常见的一种政策类型，有43项，占所收集政策文本的50%。中共中央办公厅、国务院办公厅印发的《党政机关公文处理工作条例》，"通知"适用于"发布、传达要求下级机关执行和有关单位周知或者执行的事项，批转、转发公文"。因此，"通知"所包含的内容事项多是上级已经决策完毕的，发布"通知"主要是为了下级机关了解和统一执行上级决策。

②通过对15项教育信息化重要政策文本进行词频统计还发现，"要""应"

"可（可以）""必须""按照""一定"等指令性词语在政策文本中具有较高的出现频率。其中，具有典型的指令语气的"要"一词出现的频次最高，排除"主要""要求""纲要""需要""必要"等组合后，平均每篇政策文本出现23.3次。可以看出，在政策表达中，上级政府对于下级机构更多的是命令和规范，要求他们"必须""按照"已有的政策设计贯彻执行，这属于典型的行政化推进方式。

③通过各项政策文本内容分析还可以发现，我国教育信息化政策设计强调行政功能的发挥。多篇政策文本都强调了领导牵头负责，完善组织领导体系、职能管理部门和支持服务体系，健全工作机制，加强统筹规划和部门协调等。从某种意义上看，国家教育信息化政策设计实际上是为各地政府、各级教育行政部门和中小学校等分配任务和制定行动路线。

通过以上几方面分析可以看出，我国教育信息化的主要推动者为从中央到地方的各级政府和教育行政部门，其推进手段具有强调权威、强制性、层级性等行政化特征。

（2）以项目工程为重要形式。工程项目有着明确的目标、时间期限、预算、规范等，具有汇集优势资源、突破重点难点和短期达到预期效益的优势。在教育信息化发展过程中，国家设计实施的各类工程项目对于突破阶段性重点和难题，促进教育信息化快速发展发挥了巨大作用。如中小学教师信息化应用能力建设以及以缩小中西部之间、城乡之间差距为目标的西部农村信息化建设等都以各类工程项目的方式来实施的。

从局部试点到全面展开，从"校校通"到"农远工程"再到"三通两平台"，从硬件基础设施建设到国家基础教育资源库建设再到中小学教师教育信息化能力培训，从全国性的学校信息化领导能力培训到西部农村专项信息化建设，汇集优势资源突破重点和难点成为当前我国教育信息化发展的一种常态策略，几乎每一次国家政策规划都会设计若干工程项目作为主要的推进形式。以工程项目为重点突破手段，体现了党和国家发展教育信息化的决心，也是我国行政体制结构的优势体现，未来仍将成为教育信息化发展的重要推动形式。

（3）采取"试点为先"的推进策略。政策试点是中国治理实践中所特有的一种政策测试与创新机制。其运行过程为先试先行、由点到面，体现的是"要素整合""循序渐进"的稳妥政治策略。在教育信息化政策实践过程中，"先在局部进行试验，然后将有效经验向全国推广"是我国政府推进教育信息化发展的一贯思路。

20 世纪 80 年代，我国中小学计算机教育以实验方式起步，从高中到初中再到小学、从发达地区重点学校再逐步延伸向有条件的其他地区和学校。"以实验校带动""在试点的基础上逐步扩大"是二十世纪八九十年代我国中小学计算机教育及辅助教学发展的重要特点之一。这一时期的重要文件基本都强调了发挥实验校的示范和带头作用，并有建立实验校、试验区的政策安排。2000 年以后，我国教育信息化发展进入快车道，设立的实验校、试点项目、试验区在内的各种形式的试点实验始终是政策制定的先导。

如今，"先行先试""典型示范""以点促面""点面结合""逐步推广"等特有词汇已经成为我国教育信息政策文本中的常用术语。"试点为先"的政策安排保证了我国教育信息化快速而有效地推进，并将成为教育信息化持续发展的重要保障。

4. 新时期政策亟待完善的五个方面

教育部颁布的《规划》从建设信息化公共支撑环境、加强队伍建设、创新体制机制等方面对教育信息化的持续发展进行了设计安排。通过文本关键词提取发现，"融合""创新""体系""学习""公共服务""共享""机制"等成为该政策文本的典型的新生词汇。信息技术与教育的融合创新开始成为我国教育信息化的战略方向，建设重点开始强调推进教育进行系统性变革，这意味着教育信息化的范围将涉及教育的方方面面，我国教育信息化也开始从对现行教育系统的补充向构建一种适应信息社会发展需要的新型教育形态转向。①

这是一场全面而深远的教育变革，加强顶层设计已成为教育信息化自身发展的要求。立足于我国国情实际，为了教育信息化持续健康发展，我国教育信息化政策在以下几方面亟待完善：一是继续加大对教育信息化理论研究的政策支持，这是教育信息化科学健康发展的重要保障；二是完善统筹协调机制，增强跨部门横向统筹协调，妥善解决多头管理问题；三是构建完善教育信息化政策体系，加强评估政策、法律法规和行业标准建设，为构建适应信息社会发展的新型教育形态保驾护航；四是加强激励性政策设计，拓展教育信息化社会参与渠道和方式，建立多方助力的发展机制；五是关注持续发展机制的建设，关注政策的连续性和衔接性设计。

---

① 林世员.从强化完善既有教育到重构新型教育体系——"互联网+"时代教育信息化的战略转型[J].开放学习研究，2017（3）：35-40.

第二节 教育信息化的要素概述

关于教育信息化的构成要素，在我国先后出现了"三要素说"和"六要素说"。"三要素说"认为，教育信息化由信息设施的建设、信息资源的开发、信息技术教育的开展三个主要要素构成。[①]"六要素说"认为教育信息化由信息资源，信息网络，信息技术应用，信息技术和产业，信息化人才以及信息化政策、法规和标准六个要素组成。[②]

新时代教育信息化的应用领域宽广，作用巨大，将发展为由"八要素"构成，即理念理论、人才队伍、政策标准、网络和平台、资源和空间、应用和活动、技术和产业、信息与网络安全。[③]

时代发展不仅仅使教育信息化要素种类更加丰富，而且会使各要素具有更加丰富和先进的内涵。赋予各教育信息化要素以准确、丰富、先进的内涵，对教育信息化发展、对我国教育现代化的科学实现，同样具有重要意义。

一、理念理论要素

教育信息化理念理论要素的内涵是创新信息技术变革教育，建构新型学习理念和理论，发展能够指导信息化支撑引领新时代教育现代化伟大实践的理念和理论。

当教育信息化处于起步和应用的初级阶段时，往往会忽视理念和理论，但是，当教育信息化发展到融合、创新的高级阶段时，理念、理论就具有灵魂性的作用了。我国教育信息化已发展到急需理论指导的融合、创新阶段，在新的发展阶段没有先进的理念和理论，就无法支撑引领新时代的教育现代化，就无法建构与时代匹配并引领时代发展的教育现代化。

我国教育信息化发展的成绩是巨大的，但是在与"互联网+"融合的发展中，滞后于其他许多行业，其重要原因之一是理论创新缺失。一项创新的事业，没有相匹配的创新理论指导，必将影响其可持续发展。因此，加

[①] 田振清，陈梅.基础教育信息化系统的构成及要素探析[J].教育信息化，2002（08）：9-11.
[②] 杨晓宏，梁丽.全面解读教育信息化[J].电化教育研究，2005（01）：27-33.
[③] 陈琳，文燕银，张高飞等.教育信息化内涵的时代重赋[J].电化教育研究，2020（08）：102-108.

速教育信息化理念、理论创新，加速构建中国特色的教育信息化理论体系①，迫在眉睫，意义重大。

现有的教育更多是按照前几次工业革命的要求建构的，现在已经到了智能革命时期，原有的教育理论、学习理论、认知理论、思维理论等，已不完全适应创新的智慧时代要求②，正如时任中央电化教育馆馆长王珠珠在首届智慧教育国际研讨会上的主旨报告所言，教育最基本的教什么、谁来教、如何教以及学什么、向谁学和如何学的问题，都要进行时代化的重新诠释，而这些变革需要教育信息化的支持支撑，这无疑对教育信息化的理念和理论提出新诉求。③如果不探讨创新、引领性的理念与理论，教育信息化乃至教育现代化就会迷失方向。可以预期，未来数年将成为我国教育信息化的理念创新期、理论突破期。

中国人最应该具有文化自信。我们一方面要为我们中华民族具有悠久的从未中断过的灿烂文化而自豪，另一方面要加速创新先进的教育文化，用创新的教育理念与理论发展教育文化，用创新的教育文化引领世界教育文化的发展，让我们的子孙后代永远为我们民族具有不断丰富和发展的先进文化而自豪。当今正处于文化创新的最佳历史机遇期，我国以信息化创新教育新文化具有天时地利人和的优势，我们一定要有机遇意识和担当意识，要通过不懈的努力创新教育新文化，进而丰富中国文化的宝库，同时增强我国的教育文化软实力。

二、人才队伍要素

人才资源是第一资源，人才竞争是最高形态的竞争，对于与极具活力的信息技术相伴的教育信息化更是如此。人才队伍要素的内涵是造就具有信息意识、信息素养、信息应用能力、信息创新创造能力和引领技术变革教育能力的教育人才和专门化队伍。

教育信息化人才有广义和狭义之分。狭义的教育信息化人才是指教育信息化建设、管理、服务的专门人才，比如各级电化教育馆的工作者，各

---

① 王丽娜，陈琳.探讨新时代教育信息化创新之路——第16届教育技术国际论坛综述[J].电化教育研究，2018（06）：35-40.
② 刘雪飞，陈琳.主辅式认知——智慧时代认知拓展研究[J].电化教育研究，2019（01）：33-38.
③ 陈琳.高校课程立体学习资源建设研究——促进学习方式转变的视角[J].中国电化教育，2013（11）：95-97.

级教育主管部门信息管理中心的工作者，各级各类学校现代教育技术中心、网络中心的工作者，等等。广义的教育信息化人才，包括所有的教师、学生、教育管理者、社会学习者，因为信息技术在学习与教育方面已经无人不用、无所不及，只要进行现代化的教学、教育管理和学习，就必须具有信息技术素养和信息化教育及管理能力。教育信息化人才队伍要素中的人才是广义与狭义兼及的。

过去的教育信息化也有人才要素，但是现在对教育信息化人才的要求大大提高，由过去的培养应用型人才向造就创新引领型人才发展，即转向大力培养具有技术变革教育大担当的引领型人才，造就技术变革教育的领军人才。要造就的引领型人才，包括教育信息化建设引领型人才、管理引领型人才、服务引领型人才，还包括教育信息化的技术开发引领型人才、资源开发引领型人才、平台开发引领型人才、理论研究引领型人才、队伍培养引领型人才以及变革创新引领型人才。

三、政策标准要素

教育信息化体系庞大，是复杂的系统工程，涉及教育的方方面面，且对教育具有变革性，因此政策和标准就成为教育信息化方向性正确的重要保障。不断健全教育信息化政策法规，构建良好的教育信息化生态环境，不断提升教育信息化治理水平，成为教育信息化科学发展、健康发展的必然要求。

教育信息化以在教育中运用现代信息技术为特征，而现代信息技术不断有新技术出现，同时每项技术都发展迅速，而且技术越来越走向综合和融合，越来越向教育的深层次渗透，一方面，这要求教育信息化政策和标准的制定与时俱进，要更多地指向智慧、智能、融通，体现前卫性、导向创新性，支撑新的教育形态和业态，着眼大平台、大教育、终身性、深度融合、创新创造；另一方面，建立在新的高速发展技术之上的教育信息化政策和标准的制定难度很大，需要制定者有更大的智慧、更有战略思维和前瞻性，站得更高，想得更为周到。加强新技术支持的教育信息化标准的研究，提高国际话语权和规则制定权，以及加强引导新模式、新业态和新形态的政策制定，是新时代我国教育信息化领域的紧迫任务。

四、网络和平台要素

信息网络是实现教育信息化的物质基础和先决条件，先进的网络基础设施是教育信息化发展的基石，是"互联网+"教育的条件保障。基于网络的平台建设，成为教育信息化走向更高层次的支撑，信息平台自然而然地应该与网络一起成为教育信息化的基础要素。

在教育领域，教育信息化平台具有多样性，而且无论是小平台还是大平台，都在与时俱进，不断发展。①在教室层面的"小平台"，经历了多媒体教室、CAI（computer aided instruction，计算机辅助教学）教室、网络教室、多媒体网络录播教室、未来教室的发展，现在正在向智能教室、智慧教室、智慧研创室发展[①]；②在校园层面的"中平台"，经历了校园网、数字校园的发展，现在正在向智能校园、智慧校园发展；③在社会层面的"大平台"，经历了城域网到教育资源公共服务平台和教育管理公共服务平台的发展，现在正在向建构国家教育资源公共服务体系、构建一体化的"互联网+教育"大平台方向发展，以更好地支持教育信息化从融合应用向创新发展的转变。

完善教育信息基础设施和公共服务平台，支撑网络环境下的开放学习模式，成为信息网络建设的重要任务。早期的信息网络是以互联网为基础构建虚拟世界，当今信息网络及平台将支撑虚实融合的新世界，推动新时代的教育教学质量极大提升。新型教育教学模式、教育服务业态、教育管理形态的不断出现和完善，将促进实现更高层次的新型教育公平。

五、资源和空间要素

无论是数字学习、多媒体学习，还是网络学习、移动学习，其共同点都是基于数字资源的学习，教育与学习资源是新时代教育信息化、教育变革的基础保障。而基于资源的学习往往是在虚拟世界或在虚实融合世界中进行的，因此为学习者建构合适的学习空间，又是基于资源的学习的保障。资源与空间要素的内涵是以创新系统化数字化资源与建设优化的利于学习、利于评价、利于管理、利于发展的网络学习空间，促进学习方式的转变，创新教育模式，提高学习效率与质量，促进终身教育的发展和教育公平的提升，推动人的创新发展和全面发展。

我国信息化资源存在着"冗缺共存""旱涝并存"的现象，有的学习内容对应资源重复建设严重，而许多内容建设还处于"嗷嗷待哺"的状态，因此走向科学谋划、顶层设计的体系化资源建设显得尤为迫切。

[①] 李康康，赵鑫硕，陈琳.我国智慧教室的现状及发展[J].现代教育技术，2016（07）：25-30.

六、应用和活动要素

我国高度重视信息技术的教育应用，确立了"应用驱动"的教育信息化方针，正在向着"班班用资源、校校用平台、人人用空间"的方向发展，信息技术将在融创教育新模式、新形态、新业态等方面发挥更大作用。

计算机技术、网络技术、多媒体技术为人类奉献了崭新的虚拟世界，物联网技术、3D 打印技术等的综合又使虚实世界融合成为可能。建构新型的虚拟世界中的教育教学活动，以及建构虚实融合的教育教学活动，成为教育信息化由应用融合走向创新发展阶段的必然选择，信息技术支持的教育活动自然而然地上升到教育信息化的要素层面。我国开展的"一师一优课、一课一名师"活动以及"中国梦—行动有我"系列活动，是成功的教育信息化活动典范。通过以共享理念设计的"一师一优课、一课一名师"活动，借助"人人面前有麦克风""人人都有摄像机"的条件，让几百万教师竞相将开发的具有独特创意的优质资源贡献出来共享，这是"互联网+"力量的典型体现。

在信息技术应用与活动方面，必须防止多种倾向：一是技术中心主义，忘却了教育信息化以人为本的本意；二是为用而用，忘却了新时代的教育信息化创新引领的原则和定位；三是传统活动简单搬迁；四是唯"商"、唯"硬"、唯"新"和唯"量"。

新时代的教育信息化应用与活动，要在"三效""五发""三建"方面发力，即强调效益、效率、效果，促进人的全面发展、创新发展、可持续发展、健康发展、主动发展，支持建构与时代匹配的教育模式、治理形态、服务业态。

七、技术和产业要素

信息技术是教育信息化的支柱，信息技术和产业发展程度决定着信息化发展水平。我国新时代的教育信息技术和产业要实现如下战略转型。

（1）由"借用"转向"专用"。即由教育借助通用信息技术向适当为教育专门研究开发信息技术方面发展。这是我国教育高质量发展、教育要引领社会发展、中国教育要引领世界教育、教育信息化要推动教育现代化等多趋势共同作用的必然。通用技术已越来越不能满足新时代教育发展的要求，比如，采用通用推送技术已远远不能适应学习资源个性化推荐的要求，必须发展更为精准、更为智能、更为科学的学习资源推送理论、技术和模式。新的信息技术如何促进聋教育、盲教育的突破，也将成为教育信息技术要重点攻克和突破的难题。

（2）由"跟跑"向"领跑"转变。加速占据创新制高点，不断取得产业新优势，并且遵循研究一代、试点探索一代、推广一代、普及一代的"四代同堂"的理念，在创新链、产业链方面形成新模式。要充分利用世界第一规模的教育市场，构建新的教育信息化产业生态。

（3）由支撑教育应用向支撑教育变革发展，为建构时代化的教育提供服务和保障。

（4）由着眼于单个技术在教育中的作用发挥，转向将人工智能、区块链、大数据等现代信息技术深度融合并实施综合开发，为发展伴随每个人一生的教育、平等面向每个人的教育、适合每个人的教育等提供支持和服务，真正发挥教育信息化对教育现代化的支撑引领作用。

八、信息与网络安全要素

随着教育信息化的发展，信息空间和网络空间成为现代人不可或缺的新型空间，未来教育与学习虚拟大厦的"四梁八柱"都由网络支撑，教育与学习的资源大多数是信息资源，教育网络安全出问题，轻则影响教育教学的正常进行，重则使教育大厦顷刻瓦解，严重影响社会公共安全。没有网络安全就没有教育安全。国家十分重视信息与网络安全，并加强教育系统党组织对网络安全和信息化工作的领导，正在逐步建立网络安全和信息化统筹协调的领导体制。

安全的最低要求是不出问题，保障正常运行，高层次的安全是要确定信息的先进、绿色、正能量，能够催人奋进，激发人拼搏努力，走向创新引领。

第三节　教育信息化的时代化定义

在我国教育信息化起步阶段，教育技术学界高度重视教育信息化的理论建构，知名专家纷纷探讨教育信息化"是什么"的问题，因为这直接关乎人们对教育信息化的认知，直接决定对其发展方向的把握。

一、教育信息化的经典定义

在人类即将进入 21 世纪之际，祝智庭教授认为教育信息化是指在教育过程中，比较全面地运用以计算机多媒体和网络通信为基础的现代化信息技术，促进教育的全面改革，使之适应正在到来的信息化社会对于教育发展的新要求。[①]随后三年，教育技术学泰斗南国农教授认为，教育信息化是指在教育中普遍运用现代信息技术，开发教育资源，优化教育过程，以培养和提高学生的信息素养，促进教育现代化的过程。[②]时隔几年，李克东教授认为，教育信息化是指在教育与教学领域的各个方面，在先进的教育思想指导下，积极应用信息技术，深入开发、广泛利用信息资源，培养适应信息社会要求的创新人才，加速实现教育现代化的系统工程。[③]以上几位教育技术学知名专家对教育信息化的定义，无论是要求说、过程说还是工程说，都明确了教育信息化与信息技术的关系——现代信息技术的教育应用，强调了教育信息化是动态的持续的发展过程，以及数字资源在教育信息化中的重要地位，并反映了当时国家对教育信息化的定位、对教育信息化的期待——促进或加速实现教育现代化，或促进教育的全面改革。

三位知名专家推出教育信息化定义之后这些年，是信息技术"分蘖"最多、渗透最广、颠覆最强的时期，信息技术深深扎根教育领域，无论是信息技术还是教育信息化都发生了质的变化，然而教育信息化定义较长时期未变。新兴事业的定义是应该与时俱进和不断完善的，就以教育技术的定义为例，从20世纪60年代起，美国教育传播与技术协会于1963年、1972年、1977年、1994年、2005年、2017年推出过6个版本，平均不足10年就推出新的定义。这一点很值得我国教育信息化研究人员借鉴。

二、教育信息化定义新诠释

教育信息化要很好地支撑引领教育现代化，必须科学界定时代化的教育信息化是什么，否则无从实现教育信息化的宏大使命，教育信息化是指在先进的思想指导下，在教育领域充分而有效地运用现代信息技术，建资源、构平台、拓空间、筑体系、创模式，促进教育改革，促进师生的全面发展和创新发展，促进教育公平，促进教育质量提升，支撑引领新时代教育现代化加速实现的过程。

教育信息化新定义的特点有以下五个方面的"强调"。

[①] 祝智庭.世界各国的教育信息化进程[J].外国教育资料，1999（02）：79-80.
[②] 南国农，教育信息化建设的几个理论和实际问题（上）[J].电化教育研究，2002（11）：3-6.
[③] 陈琳，文燕银，张高飞等.教育信息化内涵的时代重赋[J].电化教育研究，2020（08）：102-108.

（1）强调"先进的思想指导"。这是教育信息化由 1.0 迈向 2.0 的必然要求。没有先进思想指导，教育信息化就缺少灵魂，就无法发挥巨大作用。这里所说的先进思想，既包括又不仅仅局限于教育方面的先进思想。已有的教育思想基本上诞生于非智慧时代，更多是为适应实体世界的教育而诞生，是以教育适应社会发展为最高目标而建构的，在教育率先发展、教育要引领社会发展、虚实世界越来越走向融合的智慧新时代，教育思想面临着整体创新与提升的迫切任务，要从教育域内域外吸收丰富的思想、观念，使教育、教育信息化成为开放的始终具有活力的"熵减"系统。

（2）强调"在教育领域充分而有效地运用现代信息技术"。此处包括三层含义，①要充分利用现代信息技术。这是由信息技术对教育具有革命性影响的作用所决定的，是教育现代性的体现，以更好地发挥先进教育生产力的作用，更好地体现先进性与时代性。②要有效利用信息技术。选用技术时优先考虑效率、效果、效益，而不是为用而用，盲目使用。如果用了不能取得更好效果，不如不用。③在教育领域运用信息技术。脱离了教育领域的"现代信息技术"运用就不叫教育信息化了，而是广义的信息化，当然这里的教育领域并不局限于学校教育领域，而是大教育的范畴。事实上，国家层面教育信息化的着眼点始终是大教育，早在 1999 年，教育部韦钰副部长在部署教育信息化工作时，就提出教育信息化至少应该完成四方面的任务，其中首项任务就是"发展现代远程教育，构建终身学习体系"。①

（3）强调"建资源、构平台、拓空间、筑体系、创模式"。过去的教育信息化定义将资源建设作为教育信息化唯一的行动性工作，而现在教育信息化"身强体壮"了，在教育中的作用更大了，既要建资源，又要构平台，还要拓空间、筑体系、创模式。"构平台、建资源、拓空间、筑体系、创模式"等行动性工作，是新时代教育信息化作用扩展的体现，是传统教育走向现代教育的必然要求，只有多管齐下，信息技术对教育的革命性影响才能通过教育的系统性变革而得以实现，才能真正建构时代化的教育。

（4）强调"促进教育改革，促进师生的全面发展和创新发展，促进教育公平，促进教育质量提升，支撑引领新时代教育现代化加速实现"。前面三个"强调"只是侧重于更科学地解释新时代教育信息化的物理属性，而这里的"四促进"以及对教育现代化的"支撑引领"功能，是确定教育信

---

① 韦钰.实施科教兴国战略加快教育信息化建设[J].中国高校技术市场，1999（07）：4-10.

息化的精神属性，确定教育信息化的目标与方向。教育信息化要在推动教育现代化实现的主战场中发挥重要作用，要在新的改革进程中为教育的综合改革服务，要在高质量发展时代为教育质量提升服务、推动品质革命，要在创新型强国建设中支持和服务创新人才培养，要通过提升教育公平更好地彰显和发挥社会主义制度的优越性。"四促进"中的"促进师生的全面发展和创新发展"，是以人为中心思想的体现，真正体现教育信息化以人为本、以人的发展为本、以新时代人的创新发展为本。而且这里特别强调"师"的发展，因为教师是教育信息化的第一资源，在教育信息化中教师既是推动和促进力量，同时在新时代教师也有着全面发展和创新发展的诉求，教育信息化必须支持和促进教师的发展，实现教师在从"匠"至"师"转变的基础上再到"家"的升华。没有教师的极大发展就难有学生很好的发展。

（5）强调"新时代教育现代化"。此强调是为了进一步明确我国实现的教育现代化与发达国家曾经实现过的教育现代化不同。发达国家曾经实现过的教育现代化，是工业时代的教育现代化，我国正在加速实现的是智慧时代的教育现代化，是人类历史上的第二次教育现代化，是在加速实现由第一次教育现代化的追赶向第二次教育现代化的率先引领转变。

很显然，新的教育信息化定义与经典定义间是继承与发展的关系，新定义所确定的目标更高，赋予教育信息化工作者的使命更大、任务更重，体现了新时代的要求。

践行立于新时代的教育信息化新定位，需要从事教育信息化的人有更大情怀、更大担当、更多智慧、更高水平、更强能力。大力践行按此定义发展的教育信息化，可使信息技术对教育的革命性影响得到更好的发挥。

第二章 教育信息化的发展历程

第一节 教育信息化的起点与发展阶段

一、教育信息化的起点

（一）教育信息化起点分析

教育信息化是信息化大系统中的一个重要的子系统，而信息化又与信息有关，因此要探讨教育信息化究竟起于何时，首先要搞清楚"教育信息化"一词中"信息"的内涵。信息有广义与狭义之分。广义的信息是对客观世界中各种事物的运动状态和变化的反映，是客观事物之间相互联系和相互作用的表征，表现的是客观事物运动状态和变化的实质内容。狭义的信息则是在广义的信息的基础上，加了数字化表征的、与信息技术关联的约束限定。广义的信息形态存在至少已数千年，如果按照传播学家麦克卢汉"媒介即信息"的观点，则信息由来更为久远，但是"信息化"一词 20世纪后半叶才出现。因此信息化中的信息是指狭义的信息，是在以计算机为代表的数字化技术出现以后的数字信息，这就决定了教育信息化的起点不会很久远。

判断教育信息化起于何时的有效方法之一，是从人们对教育信息化的认识出发进行研判分析。在我国，祝智庭教授对教育信息化研究较早且深入，其教育信息化定义①在相当长的时间内被广泛认可和引用，因此根据其定义加以分析，更具有合理性。在该定义中，教育信息化的判别依据是有没有在教育中"运用以计算机多媒体和网络通信为基础的现代化信息技术"，很显然，这里包含了三种现代信息技术，即计算机技术、多媒体技术和网络通信技术，因此可将对我国教育信息化起点判别的考查点放在这三种现代信息技术何时具有"全面运用"的可能上。在三种技术中，要让"网络通信技术"在教育中有"全面运用"的可能，必须借助于互联网。依照此

---

① 祝智庭.世界各国的教育信息化进程[J].外国教育资料，1999（02）：79-80.

判断，我国的教育能够连上互联网，是在 CERNET 于 1995 年与国际互联网连通之后，因此可将我国教育信息化的起点初步锁定在 CERNET 与国际互联网连通的 1995 年。

判断教育信息化起于何时的有效方法之二，是从信息是否在教育中已能"化"的角度分析。信息化与数字信息有关，但数字信息只是信息化的必要条件，而非充分条件，其充分条件取决于是否已开始"化"。"化"是一个特别具有抽象、意象韵味的字，在《现代汉语词典》（第 7 版）中的解释是"转变成某种性质或状态"，何克抗教授等学者认为还有另一层意思——能在更大的范围和更广的领域得到体现。[①]由此可认为，要在数字信息的基础上走向信息化，必须要求现代信息技术发展到一定的水平和程度，对于教育信息化而言，现代信息技术要发展到足以使教育发生相当程度改变的时候。在 20 世纪 90 年代，计算机、多媒体、互联网是现代信息技术的代表，也几乎是那时现代信息技术的全部，而要使教育"转变成某种性质或状态"，三种技术缺一不可，如前所述，要让现代信息技术在教育领域发展到足以使教育发生相当程度的改变，则必然要求计算机、多媒体、互联网都能够在教育中使用，我国教育能用上互联网是在我国专门为教育建设的网络——CERNET 于 1995 年与国际互联网连通之后，因此应该说我国教育信息化的起点为 CERNET 与国际互联网连通的 1995 年。

判断教育信息化起于何时的有效方法之三，是从其特征出发追溯分析。关于教育信息化特征的论述，教育技术学科泰斗南国农教授早期的论述既全面又精辟，因为南先生相当长时间内研究建构信息化教育，对教育信息化有着长期的深入研究。他将教育信息化的教育特征概括为开放性、交互性和非线性[②]，其中，由超越时空、使教育向所有需要和愿意学习的人开放并实现资源共享构成的"开放性"，以及实现人与人间远距离交互学习多向交流的"交互性"，都以互联网作为基础，因此将我国教育信息化的起点锁定在 CERNET 与国际互联网连通，是合适的。

判断教育信息化起于何时的有效方法之四，是置于国际大环境中根据相对时间考察分析。就全球范围而言，美国的教育信息化起步最早，当时流传着这样的一句描述："美国一马当先，欧洲稳步前进，亚洲后来居上，中国奋起直

---

① 何克抗，吴娟.信息技术与课程整合（第 2 版）——信息技术与课程深度融合的理论与实践[M].北京：高等教育出版社，2019：12.
② 南国农，教育信息化建设的几个理论和实际问题（上）[J].电化教育研究，2002（11）：3-6.

追。"① 祝智庭、何克抗等我国教育技术界著名学者认为，国际教育信息化起于美国时任总统克林顿在 1993 年提出信息高速公路之后，据此而认为，西方发达国家教育信息化的发展大体上起于 20 世纪 90 年代初，因此将我国教育信息化的起点时间锁定在 CERNET 与国际互联网连通的 1995 年是合适的。

综上，无论从哪个角度看，将我国教育信息化起步确定在 1995 年是立论有据的。

（二）教育信息化起点说的排除

1. 对将电化教育起步视同我国教育信息化起点的分析

如果将电化教育起步时间作为教育信息化起步时间，则意味着教育信息化等同于电化教育。事实上，教育信息化与电化教育差异非常大，一个是"电"化，与第二次工业革命以及工业社会相对应，另一个是"信息"化，与信息革命、信息社会相对应，而且无论认为我国电化教育起点在 1903 年（当时南京汇文书院用电影进行教学）②，还是在 1915 年（当时金陵大学将电影用于露天的教育宣传）③，那时都没有采用现代信息技术的可能。有人将教育信息化与电化教育的起点归于同时，可能是着眼于二者都是以先进的技术服务甚至变革教育这样的共同属性。但是，以属性作起点判别也存在问题，因为语言、文字、纸张、黑板、教具在开始出现时也都是对教育产生了变革作用的，如此推而广之就失去了教育信息化鲜明的时代特点了。事实上，可将教育信息化看成电化教育在信息时代的延伸，但逆定理不成立，更不能将教育信息化等同于电化教育。

2. 对将中华人民共和国成立作为我国教育信息化起点的分析

中华人民共和国成立时，全国人口 80% 以上是文盲，学龄儿童入学率只有 20%④，全国绝大多数学校的校舍、教学桌椅相当简陋，工业基础极为薄弱，很显然，那时无财力物力发展基于先进技术的教育，当然，那时也没有现代信息技术能在教育中使用。因此，将中华人民共和国成立作为教

① 祝智庭.关于教育信息化的技术哲学观透视[J].华东师范大学学报（教育科学版），1999（02）：11-20.
② 费梦晗，李龙.我国电影教育的创建与初步规范[J].内蒙古师范大学学报（教育科学版），2017（07）：7-11.
③ 李龙，谢云.我国电化教育诞生的标志性事件考证[J].电化教育研究，2012（10）：17-22.
④陈宝生.国之大计 党之大计——新中国教育事业的历史成就与现实使命[N].人民日报，2019（13）.

育信息化起点是无法解释的。1949 年 11 月，国家在文化部科学普及局下设置了电化教育处，据此认为 1949 年为中国教育信息化萌芽期的开始[①]，也不太合适，毕竟那时的媒体与现代信息技术是没有关系的。

3. 对将我国开始改革开放作为我国教育信息化起点的分析

改革开放开始的 1978 年，邓小平同志亲自批准成立"面向全国的广播电视大学"[②]，将加速发展电视、广播手段作为多快好省地建设社会主义的重要途径[③]，并且发展幻灯、投影、录音教育。那时的广播电视、幻灯机、投影器、录音机都是模拟的电教媒体，还不是数字化的现代信息媒体，因此将我国开始改革开放作为教育信息化起点是说不通的。

4. 对将我国开始计算机辅助教育作为我国教育信息化起点的分析

计算机辅助教育，是运用现代信息技术的，照理可以说是教育信息化了，但是，顾名思义，计算机辅助教育在于"辅助"，主要将计算机作为教学的辅助工具，从旁协助教学和学习的发生，而无法实现真正的教育"信息化"。因此，不能将开始计算机辅助教育作为我国教育信息化的起点。早在 1958 年 IBM 公司就设计了第一个计算机教学系统[④]，并在教学中运用，如果将计算机辅助教育作为国际教育信息化的起点，则全球的教育信息化应该起于 1958 年，而如前所述，学界认可的国际教育信息化是起于 20 世纪 90 年代初[⑤]，即并非将开始计算机辅助教育作为教育信息化的起点。

5. 对将我国中小学开始计算机教育作为我国教育信息化起点的分析

中小学计算机教育，与计算机是有缘的，但是教育信息化是在教育中运用现代信息技术，而不是仅仅指开设计算机课程，仅仅开设计算机课程还是难以使教育达到"信息化"的程度的。因此，将我国中小学开始计算机教育作为我国教育信息化的起点也是不合适的。而且，从中小学计算机教育的实践看，当我国开展中小学计算机教育时，国外开展该教育已有较长时间，我国最先的基础教育是 1982 年国家教育委员会根据在瑞士召开的

---

① 张立国，王国华.中国教育信息化的科学内涵、阶段特征及演进逻辑[J].当代教师教育，2019（01）：26-33.
② 谢新观.学习邓小平同志的教育思想促进广播电视教育的新发展[J].中国电大教育，1993（05）：3-5.
③ 陈琳，王运武.中国教育技术改革发展三十年[J].电化教育研究，2009（02）：106-111，120.
④ 万嘉若.计算机辅助教育[J].自然杂志，1981（11）：810-813.
⑤ 何克抗，吴娟.信息技术与课程整合（第 2 版）——信息技术与课程深度融合的理论与实践[M].北京：高等教育出版社，2019：12.

"第三届世界计算机教育会议"的专家建议开设的[①]，北京师范大学、清华大学、北京大学、华东师范大学、复旦大学五所大学的附属中学，在大学的帮助下，由大学提供师资和设备率先开展选修课的试验。信息技术领先的美国，早在 20 世纪 60 年代中期就开展了中小学计算机教育的试验[②]，到 20 世纪 80 年代普及率已相当高：高中 86%、初中 80.5%、小学 62.4%。[③] 但是，国外并不因此认为是开始教育信息化了，所以我们也不能将此说成是我国教育信息化的开始。

同理，也不能将邓小平同志发出"计算机普及要从娃娃抓起"的号召作为教育信息化的起点。

6. 对将教育部正式批准兴办电化教育专业作为我国教育信息化起点的分析

1983 年华南师范大学首创我国的电化教育专业，但是当初的课程与信息技术的关联度较低，更多的教学内容是基于"电教媒体"的。作为华南师范大学电化教育专业创办者的李运林老师，在首届电化教育专业学生毕业一年多后发表论述电化教育专业建设的文章[④]，在所列出的 27 门课程中，与信息技术有关的只有"计算机教育应用"课程，所培养的学生有关信息技术方面的内容还局限于"计算机课件"，在考虑教师队伍构成时尚未将计算机学科背景的教师纳入其中，与此同时，在按专业建设需要由高等教育出版社组织编写、出版的十多种专业教材（主要为《电化教育学》《电化教育导论》《幻灯投影教学》《教育传播科学研究方法》《电视教材编导与制作》《教育电视系统》《电教摄影》《电教美术》《电化教育管理》《教育传播学》），以及组织编写的作为专业参考的电教丛书中，都没有计算机和信息技术方面的，因此初创的电化教育专业与现代信息技术关联度不高。很显然，将兴办电化教育专业作为教育信息化起步同样是不恰当的。

7. 对将我国将电化教育专业更名为教育技术学专业作为我国教育信息化起点的分析

1991 年，国家教育委员会将电化教育专业更名为教育技术学专业，"规划了'八五'期间的专业教材建设，但课程基本体系仍是原来的体系"[⑤]。

---

① 任友群.信息技术教育不应落下任何一个孩子[N].中国教师报，2018（12）.
② 黄日强.中美中学计算机教育发展之比较[J].外国教育研究，1995（04）：43-47.
③ 日本加强中小学的计算机教育[J].国际问题资料，1984（24）：16.
④ 李运林.论电化教育学科专业建设[J].电化教育研究，1989（02）：69-75.
⑤ 李运林.论电化教育发展与电化教育专业建设[J].电化教育研究，1995（01）：1-6.

由此可见，将电化教育专业更名为教育技术学专业，并没有将专业课程体系向教育信息技术方面转移，即并没有将教育技术学专业与教育信息化关联的意思，事实上，专业更名主要是为了使我国相关的专业名称与国际接轨。只是进入21世纪后，随着国家部署以互联网为基础的现代远程教育工程、在中小学普及信息技术课程、实施"班班通"工程、提出以信息化带动教育现代化的战略、多媒体在教学中得到越来越多的应用、推广网络课程建设、建设网络教育学院、实施农远工程等，人们才加速探讨将教育技术学专业与教育信息化关联[1][2][3]，逐步将该专业的本科生、研究生转向定位于培养教育信息化的教育者、建设者、管理者、服务者、研究者、创新者、研究者。[4]显而易见，将我国电化教育专业更名为教育技术学专业之时作为我国教育信息化的起点也不合适。

通过分析，可确认中国教育信息化起点在1995年，标志是CERNET连通国际互联网，即应该将1995年作为我国教育信息化的元年。

二、教育信息化发展阶段

在不同的历史时期，我国审时度势地制定与历史阶段相适应的教育信息化建设思路、建设目标、发展策略、战略举措，形成了与时俱进的发展文化，而其发展文化又是与相应阶段的发展紧密相连的，因此探讨我国教育信息化的发展阶段的科学划分，有助于更好地总结中国教育信息化经验，以及将教育信息化发展的经验理论化，有助于我国教育信息化建设文化的传承与发展。

（一）中国教育信息化的分段研究

在1995年前后，我国电化教育已在教育教学中发挥着重要作用，电化教育"三深入"（深入教学、深入学科、深入课堂）正走向纵深，"三片两带"（电影片、幻灯片、投影片、录音带、录像带）等电化教育教材建设的水平与质量也相当高，因此从1995年开始的我国教育信息化，是与电化教

[1] 徐福荫.信息化进程中的教育技术学专业建设研究[J].电化教育研究，2003（12）：28-32.
[2] 何克抗.教育技术专业培养的人才应具有的知识能力结构及课程体系[J].中国电化教育，2007（11）：9-12.
[3] 陈琳.中国教育技术本科教育的问题与对策[J].现代教育技术，2007（06）：21-24.
[4] 陈琳.改革教育技术学本科教育培养基础教育信息化人才[J].现代教育技术，2008（12）：36-39.

育并行发展的，与将之命名为起步阶段相比，将此阶段称为"起步混搭期"更为贴切与合适，更能传神地表现那一时期我国教育的阶段性特征。"混搭"在这里既表示教育信息化与电化教育一度在时间上的同时存在，又表示了模拟型教育媒体与数字化教育媒体的共同存在。

1995 年之前，我国已在较长时间一段时间内开展计算机教育、开展计算机辅助教育、尝试在教育中应用信息技术，以及组建计算机局域网等，也就是说为信息技术在教育中的应用做了大量试验性工作、探索性工作、准备性工作，包括 1994 年就开始组建 CERNET，因此在 1995 年的"起步混搭期"之前，可增加一个"孕育萌发期"，并且可将前边界延伸至邓小平同志提出"教育要面向现代化，面向世界，面向未来"的 1983 年。

我国教育信息化"起步混搭期"正处于 21 世纪的前夜，当时人类世界在持续谋划探讨各行各业以什么样的姿态进入新千年，以及探讨在 21 世纪如何更好发展的问题，因此，在 2000 年，我国教育信息化也处于新千年新气象的蓬勃发展期，这时的教育信息化开始"奠基"——建设教育的信息化基础设施，以及开始"普及"——在广大学生中普及信息技术教育，其标志是全国中小学信息技术教育工作会议提出建设"校校通"工程和在中小学普及信息技术教育，并将教育信息化的地位上升到"带动教育现代化"的战略高度加以部署和落实，因此有充分的理由将 2000 年作为我国教育信息化"奠基普及期"的开始。奠基普及期的"普及"还包括教师教育技术能力的普遍提升。

经过若干年教育信息化设施的建设以及信息技术教育的普及，信息之路变得畅通，师生也初具信息技术能力，我国逐步发展到了信息技术可在教育中普遍应用并发挥重要作用的时期，2012 年《教育信息化十年发展规划（2011—2020 年）》适时将"应用提升"作为教育信息化的工作方针之一，开启了我国教育信息化的应用提升期，逐步形成了课堂用、普遍用、广泛用、经常用，以及在应用中发展、在应用中提升的发展态势。

2017 年党的十九大做出中国特色社会主义进入新时代的科学论断，与此相适应，2018 年教育部发布《教育信息化 2.0 行动计划》，宣示我国教育信息化进入 2.0 时代，并提出教育信息化要升级，我国教育信息化相应由应用提升期进入融合转型期。

综合以上分析，可将我国教育信息化发展划分为起步混搭期、奠基普及期、应用提升期、融合转型期四个发展阶段，和前期的孕育萌发期，即"4+1"阶段。教育信息化各阶段对应的时段分别是：孕育萌发期为 1983

年至 1994 年，起步混搭期为 1995 年至 1999 年，奠基普及期为 2000 年至 2011 年，应用提升期为 2012 年至 2017 年，融合转型期为 2018 年开始，未来将适时进入创新引领期。如此划分，既与联合国教科文组织的四阶段划分有关联——都包含"起步、应用、融合、创新"八个字，但又在阶段数量上有所增加，而且每个阶段的名称都体现了阶段特征，使阶段性特征一目了然，使阶段划分与实际发展更吻合。

在已完成的教育信息化阶段中，奠基普及期时间最长，这是由教育信息化基础设施建设多样性、复杂性决定的，也是由信息技术普及任务的艰巨性决定的。

（二）中国教育信息化分段的验证性研究

以上对教育信息化的"4+1"阶段划分，是有理有据的，那么这种划分是不是就一定科学合理呢？有必要从政策推动、发展状态、标志性事件三个方面进行验证。

1. 不同阶段存在特定推动政策的验证

中国共产党始终代表先进生产力的发展要求，在教育信息化方面同样得到体现。研究表明，我国教育信息化已初步走出特色发展之路的一个重要方面，是教育信息化阶段的转换是由党和国家的政策及主要领导人的讲话引发。

作为中国共产党第二代领导集体核心人物、中国社会主义改革开放和现代化建设的总设计师、中国特色社会主义道路的开创者的邓小平同志，在 1977 年之后的批示、题词、讲话，具有指明我国改革方向的作用，1983 年提出的"三个面向"为教育的发展指明了发展方向，而新兴信息技术当时已初露先进生产力的锋芒，因此邓小平同志的"三个面向"和随后的"计算机普及要从娃娃抓起"的有关讲话，对教育信息化的产生及后续发展具有启蒙和推动作用。

1994 年发布的《国务院关于〈中国教育改革和发展纲要〉的实施意见》，首提"实现教育的现代化"以及"推广运用现代化教学手段"，将邓小平同志 1983 年提出的"三个面向"的教育工作向前推进了一大步，即由教育"面向"现代化走向着眼于"实现"教育现代化。计算机、网络、多媒体是当时极具活力的新兴技术，是现代的象征与代表，因此实现教育现代化离不开教育信息化，由此表明，教育信息化的起步，是由特定的政策推动的。

1999 年发布的《中共中央国务院关于深化教育改革，全面推进素质教育的决定》，是第一个提及教育信息化的中共中央、国务院文件，确定了"大力提高教育技术手段的现代化水平和教育信息化程度"的教育信息化发展任务，做出"国家支持建设以中国教育科研网和卫星视频系统为基础的现代远程教育网络，加强经济实用型终端平台系统和校园网络或局域网络的建设"，"在高中阶段的学校和有条件的初中、小学普及计算机操作和信息技术教育，使教育科研网络进入全部高等学校和骨干中等职业学校，逐步进入中小学"的部署，吹响了教育信息化奠基、普及的号角，由此清晰表明，教育信息化转向奠基普及期，是政策推动的结果。

2010 年中共中央、国务院印发的《国家中长期教育改革和发展规划纲要（2010－2020 年）》，是 21 世纪我国第一个教育中长期规划，做出信息技术对教育具有革命性影响的科学论断，同时对信息技术应用提出通盘要求：加强优质教育资源开发与应用；强化信息技术应用，提高教师应用信息技术水平，鼓励学生利用信息手段主动学习、自主学习，增强运用信息技术分析解决问题的能力；加快全民信息技术普及和应用。随后，教育部发布《教育信息化十年发展规划（2011－2020 年）》，确立了应用驱动的工作方针。这些足以表明，我国教育信息化由奠基普及期转向应用提升期，也是政策推动的结果。

党的十九大后，中国特色社会主义进入新时代，教育信息化进入崭新的阶段，教育部出台《教育信息化 2.0 行动计划》对教育信息化转段升级做出部署，特别强调两大发展：①加快实现更高水平的融合。既要坚持信息技术与教育教学深度融合的核心理念，又特别强调推进新技术与教育教学的深度融合，将信息技术与人工智能技术深度融入教育全过程，促进网络学习空间与物理学习空间的融合互动，同时实现多方面的融合，包括教育资源公共服务平台和教育管理公共服务平台融合发展，加快推进国家学分银行建设以实现各级各类教育的纵向衔接与横向互通；②转段升级至更高层次发展。积极推进"互联网+教育"，建成"互联网+教育"大平台，推动从教育专用资源向教育大资源转变、从提升师生信息技术应用能力向全面提升其信息素养转变、从融合应用向创新发展转变，努力构建"互联网+"条件下的人才培养新模式、发展"平台+教育"服务新模式、探索智慧时代教育治理新模式。很显然，这些政策部署促使我国教育信息化由应用提升期转向融合转型期。

由以上分析可见，我国教育信息化无论是已经完成的起步混搭期、奠基普及期和应用提升期，还是正在进行的融合转型期，抑或是正式起步前的孕育萌发期，都是（或将是）由重磅的文件或政策推动的，这既是中国特色，又使每一阶段具有鲜明的特征，在教育中发挥越来越大的作用。在每一阶段都有特定推动政策表明，以上有关教育信息化的阶段划分，是合理的、恰当的。

2. 不同阶段对应不同的发展状态的验证

发展状态的内涵非常丰富，这里所用于验证的发展状态是相对于世界先进水平的状态，是与发展水平处于世界前列的国家相比而言的。很显然，如果以上所划分的不同教育信息化阶段是随着时间发展而相对状态有所提升的话，则阶段划分是合理的，否则就不符合发展的实际情况了。美国在世纪之交的 20 多年间，信息技术领先世界，教育信息化相对领先，因此下面的验证更多地是将美国的教育信息化发展作为参照系。

1995 年我国 CERNET 与国际互联网相连时，美国学校应用互联网已有多年，1998 年美国中小学中，学生与计算机的比例平均为 7：1[1]，而在两年后的 2 000 年，我国 2 亿多中小学生所在的学校总共只拥有计算机 165 万台[2]，生机比约为 120:1，这些表明，在起步混搭期，我国教育信息化水平与世界先进水平差距非常大，发展完全处于"跟跑"的状态。我国教育信息化的孕育萌发期，相对处于观察准备和学习与积蓄力量的时期，是"蓄势"的发展状态。

我国 2000 年提出在中小学普及信息技术教育，美国在 1996 年开始推行的国家教育技术计划（National Educational Technology Plan，NETP）中就提出让全国所有教师得到培训和支持，以帮助学生学会使用计算机和信息高速公路；我国 2000 年提出"校校通"，美国 1996 年 NETP 就部署每个教室和图书馆连接信息高速公路。[3]由此可见，在 2000 年进入奠基普及期的我国教育信息化发展，仍以"跟跑"为主。但是，在此阶段我国启动的以网络为支撑的现代远程教育工程，以及由该工程派生的农村中小学现代远程教育工程、农村党员干部现代远程教育工程、网络教育学院的办学等，与世界先进水平是接近的，尤其是到 2011 年基本形成了覆盖全国、"天地合一"的教育信息骨干网络，CERNET 成为世界最大的国家级学术互联网，高校校园网全面普及，不少中小学建有校园网，此阶段的我国教育信息化也有相当比例的"并跑"成分。奠基普及期我国教育信息化的发展状态是"跟跑"与"并跑"并存，即"跟跑+并跑"。

---

[1] 王洁.一种新的学习环境——克林顿的教育技术计划述评[J].中国电大教育，1998（08）：49-51.

[2] 陈至立.抓住机遇加快发展在中小学大力普及信息技术教育[J].中国民族教育，2000（06）：3-7.

[3] 黎加厚.美国第三个国家教育技术计划及其启示[J].远程教育杂志，2005（01）:22-26.

在 2000 年召开的全国中小学信息技术教育工作会议上，教育部陈至立部长的讲话明确了 21 世纪初我国教育信息化发展战略和发展方式。这就是"以教育信息化带动教育现代化"战略，以及实现跨越式发展的方式，由此开始的十多年发展中，我国取得了教育信息化"奠基"与"普及"的双跨越突破，使我国 2012 年开始的应用提升期的教育信息化水平已接近世界先进水平。在应用提升期，我国教育信息化事业取得了全方位、历史性成就，"三通两平台"建设与应用快速推进、教师信息技术应用能力明显提升、信息化技术水平显著提高、信息化对教育改革发展的推动作用大幅提升、国际影响力显著增强，在构建教育信息化应用模式、建立全社会参与的推进机制、探索符合国情的教育信息化发展路子上实现了"三大突破"，初步走出了一条中国特色的教育信息化发展路子。以上足以表明，应用提升期我国的教育信息化主要为"并跑"的发展状态。

2018 年发布的《教育信息化 2.0 行动计划》，确定了新时代我国教育信息化融合创新和引领发展的原则，到 2022 年基本实现"三全两高一大"的发展目标，通过实施"八大行动"促进从教育专用资源向教育大资源转变、从提升师生信息技术应用能力向全面提升其信息素养转变、从融合应用向创新发展转变，努力构建"互联网+"条件下的人才培养新模式、发展基于互联网的教育服务新模式、探索信息时代教育治理新模式的建设方向。这些原则、目标、建设方向，与我国在人工智能、5G 等技术方面在国际上具有的引领地位共同作用，将使我国教育信息化发展水平走在世界前列，发挥全球引领作用，这决定了融合转型期的发展将是"并跑"与"领跑"并存的状态，即"并跑+领跑"。

随着"三全两高一大"发展目标的高质量实现，我国教育信息化将在建构新模式方面取得新突破，教育信息化创新引领期的"领跑"发展状态可期可待。

综上所述，我国教育信息化从孕育萌发期、起步混搭期、奠基普及期、应用提升期、融合转型期到创新引领期的六阶段，其发展状态分别为"蓄势""跟跑""跟跑+并跑""并跑""并跑+领跑""领跑"，即各阶段的发展状态是各不相同的，且随着时间的推移而持续提升，由此可认为阶段划分是合理、合适的。

3. 不同阶段有着标志性事件的验证

我国连续实施"以教育信息化带动教育现代化"和"以教育信息化全面推动教育现代化"，表明教育信息化的地位高、作用大，如此就决定了教育信息化要在教育变革中持续发挥作用，因此在每一个阶段都要有能体现阶段性特征的、在教育中发挥重要作用的标志性事件。

CERNET 通过国家验收并与国际互联网连通，对我国教育事业而言是标志性的事件，而且 CERNET 在随后的建设中表现出许多特点并发挥了很大作用。因此，在起步混搭期，CERNET 建设并连通国际互联网具有里程碑意义。教育信息化具有许多技术特征，其中数字化、多媒体化、网络化是其基础性特征，由此看来，举办全国多媒体教育软件大奖赛，同样是起步混搭期的标志性事件。

在中小学普及信息技术教育、启动"校校通"工程、开通中国现代远程教育卫星宽带多媒体传输平台、实施新世纪网络课程建设工程和全国文化信息资源共享工程，开启以网络为支撑的现代远程教育工程，并使农村中小学现代远程教育工程、农村党员干部现代远程教育工程、高等学校建设网络教育学院开展现代远程教育、教育电子政务建设工程（金教工程）等建设成体系并具有一定规模，以及在中小学教师中开展全员的教育技术能力培训，这些分别涉及奠基、普及，且一定程度上促进了教育条件的现代化、教育公平的现代化、教师队伍的时代化、学生素质的时代化，因此都可作为奠基普及期的标志性事件。

"三通两平台"建设、"教学点数字教育资源全覆盖"项目、"一师一优课、一课一名师"活动、国家级精品资源共享课建设、国家级精品视频公开课建设、高等职业教育专业教学资源库建设，都为我国教育现代化提供了平台和优质资源的支持，促进了信息技术在教育教学中的广泛应用。实施全国中小学教师信息技术应用能力提升工程和"中国梦－行动有我"活动，开展全国职业院校信息化教学大赛和中国"互联网+"大学生创新创业大赛，极大地提升了师生的信息技术应用能力与水平。以上这些都可以被看作应用提升期的标志性事件。

新时代教育的"互联网+"、教育信息化 2.0 试点、国家精品在线开放课程以及国家虚拟仿真实验教学项目建设，建立智慧教育示范区，开展网络学习空间应用普及活动，实施全国中小学教师信息技术应用能力提升工程 2.0，建设教育信息化教学应用实践共同体，加强"三个课堂"应用，这些都指向新技术与教育教学深度融合、虚实教育融合以及广大教师融合能力的提升，因此都是融合转型期的标志性成果。抗击新冠肺炎疫情期间"停课不停教、停课不停学"，是深度融合水平的一次大检阅，我国教育界交出了漂亮的答卷。

在所划分的教育信息化不同阶段，都有着多样的标志性事件能够体现阶段特色，由此可认为"4+1"阶段划分是合适的。

以上三方面的验证都表明，关于教育信息化的孕育萌发期、起步混搭期、奠基普及期、应用提升期、融合转型期的等阶段划分，是合理的，是符合我国教育信息化发展实际的。以上三方面验证所得出的各阶段的特征，归并列入表2-1。

表2-1　中国教育信息化的阶段发展特征表

阶段名称	时间	政策文件及国家领导人讲话	状态	标志性事件
孕育萌发期	1983—1994	教育的"三个面向""计算机普及要从娃娃抓起"	蓄势	
起步混搭期	1995—1999	《国务院关于〈中国教育改革和发展纲要〉的实施意见》	跟跑	CERNET与国际互联网连通 创办全国多媒体教育软件大奖赛
奠基普及期	2000—2011	《中共中央国务院关于深化教育改革，全面推进素质教育的决定》《国务院批转教育部面向21世纪教育振兴行动计划的通知》	跟跑+并跑	中小学普及信息技术课程 中小学"校校通"工程 开启以网络为支撑的现代远程教育工程 中国现代远程教育卫星宽带多媒体传输平台开通 农村中小学现代远程教育工程 农村党员干部现代远程教育工程 全国文化信息资源共享工程 高校建设网络教育学院开展现代远程教育 新世纪网络课程建设工程 全国中小学教师教育技术能力建设 教育电子政务建设工程 高等职业教育专业教学资源库建设
应用提升期	2012—2017	中共中央、国务院《国家中长期教育改革和发展规划纲要（2010—2020年）》教育部《教育信息化十年发展规划（2011—2020年）》	并跑	"应用驱动"作为教育信息化的工作方针 "三通两平台"建设 "教学点数字教育资源全覆盖"项目 "一师一优课、一课一名师"活动 国家级精品资源共享课建设 国家级精品视频公开课建设 全国中小学教师信息技术应用能力提升工程 全国职业院校信息化教学大赛 中国"互联网+"大学生创新创业大赛 "中国梦—行动有我"活动

续表

			"互联网+"省级教育信息化试点
融合转型期	2018	并跑+领跑	教育信息化 2.0 省级试点
			利用高通量宽带卫星实施学校（教学点）网络全覆盖
			国家精品在线开放课程建设
			国家虚拟仿真实验教学项目建设
			"智慧教育示范区"建设
			网络学习空间应用普及活动
			全国中小学教师信息技术应用能力提升工程 2.0
			教育信息化教学应用实践共同体建设
			加强"三个课堂"应用
创新引领期		领跑	

在世界教育信息化的发展行列中，我国教育信息化的相对位置先后历经"蓄势""跟跑""跟跑+并跑""并跑""并跑+领跑"的发展，将向着整体"领跑"阶段发展。鉴于此，中国教育信息化人要加快形成使命意识、担当精神，加紧谋划如何有效领跑，为以教育信息化引领、驱动我国率先实现智慧时代的教育现代化——人类历史上第二次教育现代化，做出时代性的贡献，将信息技术对教育的革命性影响发挥到极致。

第二节　我国教师信息化教学能力的提升历程

教师是立教之本、兴教之源，信息化带动教育现代化战略的实施，关键靠教师，核心是教师要具有信息化教学能力。因此，在进入 21 世纪以来的 20 年间,我国始终将提升教师信息化教学能力作为重要工作谋划和推进,相应形成了一整套促进教师信息化教学能力提升的政策和措施。[①]

一、以培训促进教师信息化教学力持续提升

（一）面向基础教育教师的全员培训提升

对教师进行全员的教育信息化方面的培训,我国谋划早、决策层次高,

---

① 陈耀华.提升教师信息化教学力的中国路径及优化发展[J].中国电化教育，2020（12）：99-104.

且与时俱进。国务院在 1999 年初批转的教育部《面向 21 世纪教育振兴行动计划》中要求，"中小学专任教师及师范学校在校生都要接受计算机基础知识培训"。时隔数月，在《中共中央国务院关于深化教育改革，全面推进素质教育的决定》中将此要求进一步拓展，提出教师要"掌握必要的现代教育技术手段""中小学专任教师以及师范学校在校生都要接受计算机基础知识和技能培训"。2010 年中共中央、国务院在《国家中长期教育改革和发展规划纲要（2010－2020 年）》中提出，"强化信息技术应用。提高教师应用信息技术水平，更新教学观念，改进教学方法，提高教学效果"。这些具有划时代意义的教育文件表明，党和国家高度重视教师的信息化教学力——以信息技术为基础的教学能力提升。

信息技术不断发展，推动着社会数字化、多媒体化、网络化的进程，使人们的学习越来越趋向数字化学习、多媒体学习和网络化学习，而这三种学习在初出现时，对所有教师而言，与学生一样都是"新手"。只有先做好学生，才能做好先生。而要让广大教师在紧张的教学中抽出大量时间自主学习提升数字化教与学、多媒体教与学、网络化教与学等能力，是非常困难的。而且，在我国 1700 余万的各级各类专任教师群体中，中小学教师占比最高，多达 1200 多万人，而中小学教师原有的专业背景基本是文科和理科，缺少技术和工程学科背景，要他们自主学习提升信息技术并将信息化教学能力提升到很高水平，则更为困难，因此国家特别重视数量庞大的中小学教师群体信息化教学能力提升的问题，为此设计专门化的培训，而且设计了循序渐进、与时俱进的多轮培训，帮助中小学教师提升信息化教学水平。

1. 全国中小学教师教育技术能力建设计划

2004 年教育部颁布《中小学教师教育技术能力标准（试行）》，为面向全国中小学教师的教育信息化培训做了基础性工作。2005 年教育部正式启动"全国中小学教师教育技术能力建设计划"。

"全国中小学教师教育技术能力建设计划"将意识与态度提升作为前提，以应用创新为目标，以知识技能为基础，以社会责任为价值导向，以建立中小学教师教育技术培训和考试认证制度为保障，使全国每位中小学教师完成不低于 50 学时的培训。

《中小学教师教育技术能力标准（试行）》分为中小学教学人员、中小学管理人员、中小学技术支持人员三个不同的教育技术能力标准。三类标准的总体框架相同，只是框架下的具体内容有别。总体框架由 4 个素质与能力维度、14 个一级指标、几十个绩效指标构成，4 个素质与能力维度为意识与态度、知识与技能、应用与创新、社会责任。14 个一级指标为重要性的认识、应用意识、评价与反思、终身学习、基本知识、基本技能、教学设计与实施、教学支持与管理、科研与发展、合作与交流、公平利用、有效应用、健康使用、规范行为。对于教学人员、管理人员、技术人员的三类不同标准，绩效指标分别有 41 项、46 项、44 项。其中中小学教学人员的教育技术能力标准见表 2-2。

表 2-2　中小学教学人员的教育技术能力标准

素质与能力维度	一级指标	绩效指标
意识与态度	重要性的认识	能够认识到教育技术的有效应用对于推进教育信息化、促进教育改革和实施国家课程标准的重要作用
		能够认识到教育技术能力是教师专业素质的必要组成部分
		能够认识到教育技术的有效应用对于优化教学过程、培养创新型人才的重要作用
	应用意识	具有在教学中应用教育技术的意识
		具有在教学中开展信息技术与课程整合、进行教学改革研究的意识
		具有运用教育技术不断丰富学习资源的意识
		具有关注新技术发展并尝试将新技术应用于教学的意识
	评价与反思	具有对教学资源的利用进行评价与反思的意识
		具有对教学过程进行评价与反思的意识
		具有对教学效果与效率进行评价与反思的意识
	终身学习	具有不断学习新知识和新技术以完善自身素质结构的意识与态度
		具有利用教育技术进行终身学习以实现专业发展与个人发展的意识与态度
知识与技能	基本知识	了解教育技术基本概念
		理解教育技术的主要理论基础
		掌握教育技术理论的基本内容
		了解基本的教育技术研究方法
	基本技能	掌握信息检索、加工与利用的方法
		掌握常见教学媒体选择与开发的方法
		掌握教学系统设计的一般方法
		掌握教学资源管理、教学过程管理和项目管理的方法
		掌握教学媒体、教学资源、教学过程与教学效果的评价方法

应用与创新	教学设计与实施	能够正确地描述教学目标、分析教学内容，并能根据学生特点和教学条件设计有效的教学活动
		积极开展信息技术与课程的整合，探索信息技术与课程整合的有效途径
		能为学生提供各种运用技术进行实践的机会，并进行有针对性的指导
		能应用技术开展对学生的评价和对教学过程的评价
	教学支持与管理	能够收集、甄别、整合、应用与学科相关的教学资源以优化教学环境
		能在教学中对教学资源进行有效管理
		能在教学中对学习活动进行有效管理
		能在教学中对教学过程进行有效管理
	科研与发展	能结合学科教学进行教育技术应用的研究
		能针对学科教学中教育技术应用的效果进行研究
		能充分利用信息技术学习业务知识，发展自身的业务能力
	合作与交流	能利用技术与学生就学习进行交流
		能利用技术与家长就学生情况进行交流
		能利用技术与同事在教学和科研方面广泛开展合作与交流
		能利用技术与教育管理人员就教育管理工作进行沟通
		能利用技术与技术人员在教学资源的设计、选择与开发等方面进行合作与交流
		能利用技术与学科专家、教育技术专家就教育技术的应用进行交流与合作
社会责任	公平利用	努力使不同性别、不同经济状况的学生在学习资源的利用上享有均等的机会
	有效应用	努力使不同背景、不同性格和能力的学生均能利用学习资源得到良好发展
	健康使用	促进学生正确地使用学习资源，以营造良好的学习环境
	规范行为	能向学生示范并传授与技术利用有关的法律法规知识和伦理道德观念

由表 2-2 可见，全国中小学教师教育技术能力建设培训并不能称作完全意义上的信息化教学能力培训，有着"电教"媒体和技术与信息技术结合的特点，适应了当时技术与媒体发展的实际情况。很显然，随着我国教育信息化应用不断向纵深发展，全国中小学教师教育技术能力建设已不能适应教育和技术双重高速发展的新要求，国家又不失时机地启动了第二轮全国中小学教师教育信息化方面能力的培训。

2．全国中小学教师信息技术应用能力提升工程

教师队伍建设是教育信息化可持续发展的基本保障，信息技术应用能力是信息化社会教师必备的专业能力，为此，2013年国家启动全国中小学教师信息技术应用能力提升工程（简称"提升工程"），对全国1 000多万名中小学及幼儿园教师进行第二轮教育信息化方面的培训，且是真正意义上的信息化教学能力提升培训。

"提升工程"培训目标重在提升教师信息技术应用能力、学科教学能力和专业自主发展能力，促进教师转变教学方式，推进基础教育课程改革，促进信息技术与教育教学深度融合，推动教师终身学习，相应建立教师信息技术应用能力标准体系，研究制定了《中小学教师信息技术应用能力标准（试行）》《中小学教师信息技术应用能力培训课程标准》《中小学教师信息技术应用能力测评指南》，以有效引导广大中小学教师学习和应用信息技术，规范指导各地建设培训资源、有效实施培训、开展科学的测评、推动应用发展。

"提升工程"的重要保障是将教师信息技术应用能力作为教师资格认定、资格定期注册、职务（职称）评聘和考核奖励等的必备条件，列入中小学办学水平评估和校长考评的指标体系；中小学校将信息技术应用成效纳入教师绩效考核指标体系，促进教师在教育教学中主动应用信息技术；通过示范课评选、教学技能比赛和优秀课例征集等活动，发掘并推广应用成果，形成良好的信息技术应用氛围；通过建立信息技术应用创新实验区、示范性网络研修社区和示范校建设等举措，推动信息技术应用综合创新。

针对不同中小学信息技术实际条件的不同、师生信息技术应用情境的差异，《中小学教师信息技术应用能力标准（试行）》对教师在教育教学和专业发展中应用信息技术提出了两种不同的要求，即应用信息技术优化课堂教学能力的基本要求（主要包括教师利用信息技术进行讲解、启发、示范、指导、评价等教学活动应具备的能力），以及应用信息技术转变学习方式能力的发展性要求（主要针对教师在学生具备网络学习环境或相应设备的条件下，利用信息技术支持学生开展自主、合作、探究等学习活动所应具有的能力），并以教师教育教学工作与专业发展为主线，将信息技术应用能力划分为技术素养、计划与准备、组织与管理、评估与诊断、学习与发展五个维度。

为规范指导各地根据《中小学教师信息技术应用能力标准（试行）》实施应用能力测评工作，《中小学教师信息技术应用能力测评指南》确定了诊

断测评、培训测评、发展测评等工作。

继中小学教师教育技术能力建设的全员培训后，教育部紧接着推出"提升工程"，甚至两期培训之间还有部分时间重叠，充分表明信息时代教师信息技术观念及能力对教育信息化和教育变革的重要性，体现了国家对教师信息化提升的高度重视。如果教师缺乏对信息时代的充分认识、对信息技术的充分把握，不具有技术变革教育的能力，就不可能有现代化的教育，就不可能用好与时代相匹配的教与学的方式方法，就不可能很好地培养创新型人才。

（3）全国中小学教师信息技术应用能力提升工程 2.0。随着人工智能、大数据、物联网、移动通信等新的信息技术在教育中发挥着越来越重要的变革支持作用，随着我国教育信息化进入 2.0 时代，基于信息技术的教育变革力、教学创新力、信息技术与教育教学深度融合能力成为新时代教师的核心素养，教育的创新改革不再局限于课程、课堂、学科，而是在更广范围、更高层次上进行，建构新的教育模式、新的治理格局、新的评价方式、

新的服务业态、新的学校形态，已是时代的呼唤和必然，成为实现第二次教育现代化的基本内容，为此，为了服务国家"互联网+"、大数据、人工智能等方面的重大战略，推动教师主动适应信息化以及人工智能等新技术变革，积极有效开展教育教学改革，2019 年我国启动全国中小学教师信息技术应用能力提升工程 2.0。

全国中小学教师信息技术应用能力提升工程 2.0 与上一轮的全国中小学教师信息技术应用能力提升工程相比，区别很大，主要体现在如下几个方面。

①培训范围拓展。除了中小学教师外，明确规定拓展至中等职业学校教师。

②确定"三提升一全面"的目标。构建起以校为本、基于课堂、应用驱动、注重创新、精准测评的教师信息素养发展新机制，要通过培训基本实现校长信息化领导力、教师信息化教学能力、培训团队信息化指导能力显著提升，全面促进信息技术与教育教学融合创新发展的"三提升一全面"的目标。

③提高了能力标准的引领性。以适应信息技术发展趋势与分层分类培训的新需求。

④提高研修资源的适用性。激励开放建设，改善资源供给。

⑤变革测评方式。充分利用新技术开展教师研修伴随式数据采集与过

程性评价，提高测评助学的精准性。

⑥激发内生力。提升教师提高信息技术应用能力的内生动力，打造信息化教学创新团队引领未来教育方向。

⑦加强管理团队建设。由校领导担任学校 CIO，组建由校长领衔、学校相关管理人员构成的学校信息化管理团队，并特别加强智能化教育领航名校长、名师培养。

⑧凸显未来性。充分利用大数据、人工智能等新技术成果助推教师教育，提升校长、教师面向未来教育发展进行教育教学创新的能力。

⑨强调协同性。推进中西部地区开展名师网络课堂和远程协同教研相结合的"双师教学"模式的教师培训改革。

⑩重视跨学科性。应将促进教师跨学科教学能力提升作为培训的重要目标。

对于中小学教师教育信息化能力的培训，除了以上三轮全员培训外，还有多种专项的培训，以及在"国培计划"中专门设置的信息技术方面的培训。

进入 21 世纪以来，技术在教育中的应用已从少数人掌握技术为多数人教学服务，向所有的教师掌握技术为自身教学服务发展。我国对于中小学教师教育信息技术的培训，使广大中小学教师适应了这种历史变迁的要求，使广大中小学教师由信息技术门外汉成长为能从容进行信息化教学的教师。

（二）面向高等学校教师的网络培训提升

我国对高校教师的信息化教学能力提升培训另辟蹊径——运用平台思维，搭建网络平台，通过全国高校教师网络培训中心网络平台向高校教师展示高校名家网络授课，从而使教师既学专业和学科知识，又能得到信息化教学方法的熏陶、体验，进行很好的实践和学习。

为提升高校教师的信息化教学能力，全国高校教师网络培训中心所采取的措施主要有以下三类。

（1）让广大教师通过感受和体验多种模式的网络教学，以及名家大师的多媒体教学设计，而提升信息化教学的认知能力。高校教师网络培训中心的平台上，提供了网络直播讲座、在线点播培训、同步集中培训、项目定制培训、专项培训等多种形式和模式的培训，并辅以新教师培训、优秀微课展示和试听展示课。每半年公布一次的关于全国高校教师网络培训计划的通知（或说明）明确指出，高校教师网络培训工作由高校教学名师奖获得者、国家精品开放课程主持人、国家级教学团队带头人、国家级特色专业负责人等担任主讲教师。优秀的主讲教师保障了培训的先进性和示范性，很好地彰显了大国优势。包括高校教学名师奖获得者、国家精品课程或国家精品开放课程主持人在内的数以千计名家大师的讲座和交流会，推动了全国范围内的优质教学资源的共享，一定程度上促进了高等教育公平。

（2）让广大教师通过感受和体验多样的网络学习活动提升信息化教学能力。平台上的学习活动，除了正常的通过网络直播讲座、在线点播、试听展示课等视听学习之外，还提供全国高校微课教学平台、资源分享、网络投票、作业互评、辅导答疑、主题讨论、高师社群、有奖征文等多种形式，设计了研修社区、专家工作坊和辅导员工作坊，让培训教师借助多种学习与实践活动实现教学能力的立体化提升。此外，平台上还设计了专家在线、教学论坛、教育动态、个人中心、面授培训班等专栏或链接，并运营了公众号、客户端等。

（3）通过专门化的课程让教师学习训练后，直接提升信息化教学能力。在平台上开设信息化教学技术、信息环境下的教学模式、在线教学资源与学习工具等方面的课程和讲座，能够让高校教师直接学习教育信息化方面的内容。平台上这方面的课程和讲座，数量多、质量高，适应教师信息化教学能力全方位提升的学习需要。

全国高校教师网络培训，是我国利用现代化手段大规模提升高校教师队伍的特色之举，在提升教师信息化教学能力方面，彰显了现代性和名师示范性的双重特点。该网络培训方式使教师提升具有灵活性和自主性，突破了学习的时空限制，

时时可学，处处能学，很好地解决了工学矛盾，而且实时互动交流，保障了学习效果。

二、以竞赛激发教师信息化教学力创新提升

教育创新的主体是教师，而新时代的创新创造更多是基于先进生产力——信息技术的创新创造。

教师的创新精神以及创造能力是需要激发的。以竞赛激发为抓手，再以榜样的力量带动，是我国提升教师信息化教学创新创造能力值得总结推广的好做法。进入 21 世纪，在国家层面上主要有两种形式的竞赛：一是全国多媒体教育软件大奖赛；二是全国职业院校信息化教学大赛。

早在 20 世纪末，我国就谋划以竞赛的形式促进教师的信息化教学能力提

升，相应地在 1998 年开启了全国多媒体教育软件大奖赛，且发展成为具有重要影响、面向广大教师和技术人员、覆盖各类教育的教育信息化重要赛事。信息技术具有高速发展以及新兴技术不断涌现等特点，因此全国多媒体教育软件大奖赛也随着技术改变和社会的需求改变而变，尽管早先十多年竞赛的名称未变，但是竞赛的项目不断与时俱进，竞赛的项目共有多媒体课件、网络课程、教育教学工具类软件系统、教育资源应用案例、微课、一对一数字化学习综合课例、一对一数字化学习教学设计、学科主题社区、移动终端课件、精品开放课程、信息技术与学科教学整合课例、ScienceWord 教学设计、信息技术创新教学案例、教师网络空间应用案例等若干种。2015 年起大奖赛更名为全国教育教学信息化交流展示活动，以使其能够更好地发挥促进教师信息化教学能力提升的作用。

我国在提升职业院校教师信息化教学能力方面，主要采用竞赛激发的办法，这与我国职业院校的特殊发展历程有关。我国职业教育起步早，但一度发展停滞，导致职业教育的基础相对薄弱，教育信息化先天条件不足，而职业院校对教育信息化的需求又相对高于其他各类教育，因此我国对于职业院校教师的信息化教学能力提升，采用以赛促进、辅以培训的方式，其实质是通过竞赛激发信息化企业与职业院校加紧探索，形成好的案例给全国职业院校的教师以示范，从而实现教师信息技术应用能力和信息化教学水平快速提升，以信息技术为重要动力，推动职业教育教学改革创新，促进教与学方式的变革，在全国形成广泛的影响，加速职业院校教育现代化的进程。

全国职业院校信息化教学大赛缘于 2010 年开始的全国中等职业学校信息化教学大赛，2012 年，国家将其升级为全国职业院校信息化教学大赛，相应地将参赛对象由中等职业学校教师扩展为中等和高等职业院校的教师，且比赛内容由多媒体教学软件和信息化教学设计比赛，增加为多媒体教学软件比赛、信息化教学设计比赛、信息化实训教学比赛和网络课程比赛等赛项。全国职业院校信息化教学大赛举办近十年以来，对职业教育观念的转变、教师教学能力的提升和教与学方式的转变起到了极大的促进作用。教育信息化 2.0 时代，我国信息技术与教育深度融合对教育方式方法的创新提出了更高要求，大赛于 2018 年更名为全国职业院校技能大赛教学能力比赛，也是对时代发展的顺应。

三、以国家级数字资源建设促进能力提升

教育信息化是前所未有的创新事业。对于高速发展的教育信息化而言，

几乎所有教师都是新兵，如果在教育信息化能力提升方面大家齐步走，只能是缓慢前进，因此要有鼓励教师率先进行教学创新探索的制度设计。通过率先创新取得经验，然后再以典型的经验带动广大教师的信息化教学能力提升。过去 20 多年，我国持续开展国家级的资源建设，通过顶层设计，促进全国广大教师信息化教学能力不断提升。

在 2003 年、2004 年、2006 年，教育部开展全国教师教育优秀课程教材资源征集、遴选、展示活动，优秀课程资源的主要形式包括网络课程，资源库（名师网课、课件库、案例库、试题库等），支撑网上教学的智能答疑、辅导及自动测评系统，以及相关的教师教育网站等，此活动推动了我国教师教育课程教材资源的建设。2012 年、2013 年在全国范围内开展优质数字教育资源征集活动，征集的资源形式包括网络课程、名师课堂、多媒体素材资源、虚拟仿真系统，2014 年开始实施"一师一优课、一课一名师"活动（简称"晒课"活动）。

在以上多种活动中，"晒课"活动对教师信息化教学能力提升的作用最为突出，其核心是让数百万中小学教师同台"晒课"，并评选出数以万计的"优课"。该活动既充分调动了广大教师的积极性，又使教师的信息化教学能力得到很好提升。对教师而言，国家级平台展示具有强吸引力和极大的挑战性，激发了教师参与活动的积极性和活力，唤起了教师对教学的新追求，最大限度地激发了教师内生发展智慧。通过多种优质资源方式方法的启发，从而可使广大中小学教师迅速取他人之长补己之短，形成千帆竞发、力争上游、争先恐后、不断超越的喜人态势。

在我国高等教育领域，持续开展的国家级数字资源建设促进了教师数字化教学资源建设能力的提升和信息化教学能力的提升。最早的为 2000 年启动的新世纪网络课程建设工程，后来陆续有 2003 年启动的国家精品课程建设，2010 年开始的全国高等职业教育专业教学资源库建设，2011 年启动的国家级精品资源共享课、国家级精品视频公开课建设，2015 年启动的高等学校在线开放课程建设，2018 年启动的国家虚拟仿真实验教学项目建设，等等。这些国家级的数字资源建设都给建设者带来极大挑战，建设过程和建设成果都对教师信息化教学能力起到了显著的促进、提升作用。无论是课程建设、专业资源库建设，还是虚拟仿真实验教学项目建设，对于教师信息化教学能力提升的作用都是多方面的，而且对于广大教师而言，他们可以利用如此丰富的资源系统学习授课方法以及学习数字化资源建设。不仅如此，教育部还专门组织建设了 200 门教师教育的国家级精品资源共享课，直接服务于教师信息化教学能力提升，其中包括现代教育技术、现代教育技术应用、课程设计与评价、小学信息技术教学设计、中学信息技术教学设计、教育资源的开发与利用等课程，既可以让高校教师在建设国家级精品资源共享课、视频公开课的过程中，提升自己的教育信息化能力，又可以让各级各类教师通过这些课程，提升学科知识水平和信息化教学能力。

持续多样的"国家级"课程建设，不断将教师信息化教学能力提升到新高度，而且综合来看，形成了运用课程建设提升教师信息化教学能力的中国特色：一是准确识变、科学应变、主动求变的持续进化；二是让广大教师立足自身教学提升能力的制度设计；三是以典型带动一般的示范引领；四是善抓主要矛盾，持续围绕课程建设做大文章。因为课程的教育地位独特，它既是教学内容和教学活动的主要载体及基本依据，又是实现学校教育目标的基础保证，还是专业的根基。也正因为课程对于教育如此重要，我国还通过组织微课大赛，促进教师的教育信息化能力提升。

2010年起教育部启动高等职业教育专业教学资源库建设，与前面的国家级课程建设有同有异。"同"在专业教学资源库中包括课程，"异"在专业教学资源库中的课程是一个专业的全部课程，它的建设可以解决具体专业所有课程的在线学习，能够让专业的在线学习普遍化、普及化。对于广大教师信息化教学能力提升而言，高等职业教育专业教学资源库建设，一是让广大教师学到着眼于专业整体建设所有资源，拓展了信息化教学能力的范围；二是让广大教师在教育信息化建设中协同创新，提升了协同建设能力。

教育部实施的"教学点数字教育资源全覆盖"项目，是促进教育公平的中国创造，不仅如此，其在教师信息化教学能力提升方面，同样发挥了重要作用。

第三章　教育信息化的理论

第一节　现代教育传媒理论

一、教育媒体概述

媒体一词来源于拉丁语"Medium"，音译为媒介，意为两者之间。它是指信息在传递过程中，从信息源到受信者之间承载并传递信息的载体或工具，也可以指实现信息从信息源传递到受信者的一切技术手段。媒体有两层含义：一是承载信息的载体；二是存储和传递信息的实体。

媒体是指载有信息的物体。没有承载信息的物体，例如一张白纸、一张空白的透明胶片、一盒空白录音带，都不能说是媒体，而只能说是书写、印刷或录制用的材料。载有信息的纸张、胶片、磁带才能称为媒体，白纸印上新闻消息的文字与图片成为报纸，磁带录上音乐信息符号成为音乐带，只有这些才能成为媒体。

媒体是指存储和传递信息的实体，也可以看成是实现信息从信息源传递到受信者的一切技术手段。在这一层含义上，媒体作为一种中介物，它的范围更广。以通信这一信息传递过程为例，从信源到受信者——信宿之间的一切技术手段，均为广义的媒体（见图3-1）。

图3-1　通信过程的广义媒体

从信源获取的信息符号要通过编码变成信号，信号在通道中传送，然后经译码将信号转换为符号，最后由受信者将符号解释为信息意义。这一过程中通过的编码器、通道和解码器等一切技术手段工具，均被称为媒体。例如在电视广播过程中，摄像机从信源物摄取图像信息符号，然后变换为相应的电信号（或再经录像机将电信号记录存储再重播），电信号经过通道（闭路电视为线路、开路广播电视为空气）传递至接收端，由电视接收机将接收到的电信号再转换为图像信息符号。受信者看的是图像符号解析为信源物的信息意义。在这一信息传递过程中，摄像机、录像机、线路、空气以及电视接收机，都称为信息存储与传递的媒体。

教育媒体是指在教育过程中承载和传递教育信息的媒体。其性能、特点、使用方法随着多媒体教学技术的进步而不断发展和丰富，对教育效率产生影响。实用信息技术的发展使教师能用多种媒体传递教育信息，学生能通过广泛的渠道获得更大范围的学习经验。根据不同的分类方法可分为：传统媒体、单向媒体和双向媒体；课堂教学媒体和远距离教学媒体；听觉媒体、视觉媒体、触觉媒体和视听媒体；真实性媒体、模拟性媒体和符号性媒体等。从本质上看，教与学活动过程是一种获取、加工、处理和利用事物信息的过程，因此，作为储存与传递事物信息的任何媒体都可以作为教学媒体。但事实上，绝大多数新开发出来的媒体，首先都不是用在教学上，而是在军事、通信、娱乐、工业等部门使用相当长的一段时间之后，才逐渐被引进教学领域。比如1885年诞生的电影媒体首先用于娱乐业，几十年后，才逐渐有科教片用于社会教育。又如电视媒体，1936年"美国广播公司"已开始播出电视节目，首先用于娱乐与商业广告，而后相继有工业的闭路电视，几十年后教育电视才被普遍引进教育领域，成为一种电视教学媒体。由此可见，一般的媒体并不都是教学媒体，但可以发展为教学媒体，那么教学媒体有哪些特殊的组成要素呢？概括来说，一般的媒体发展成为教学媒体要具备两个基本的要素。

第一，媒体用于储存和传递以教学为目的的信息时，才可称为教学媒体。以教学为目的的信息，也就是教学信息，它是由教学目标去决定选取的。因此，教学媒体区别于一般的媒体，它储存与传递的教学信息，是为达到特定的教学目标服务的，是为特定的对象——教师或学生所使用的。

第二，媒体能够用于教与学活动的过程时，才能发展为教学媒体。任何媒体都能用来储存与传送教学信息，如电影、电视以及计算机等媒体，它们都具有储存或传送教学信息的功能，但这些媒体诞生的初期，只在人们活动的通信与娱乐领域中获得应用，在教学活动中没派上用场。因此，它们只是一般的传播媒体，不是教学媒体。只有当它们经过改进，符合教学要求，用于教学活动时，才成为真正的教学媒体。

一般的媒体经过改进演变成教学媒体，往往要经过复杂甚至是漫长的历程。如广播电视从开始播放新闻、娱乐节目到后来用于播放教学节目进行远程教学，历经几十年时间。再如闭路电视早期只用于工业，成为工业电视，后来才引入教育领域成为学校的教育闭路电视系统或微格教学系统并用于进行教学技能训练。目前得到迅速发展的计算机媒体及计算机网络系统，也是首先用于通信与工商业，后来才逐步被引进教育教学领域。

一般的媒体要演变为教学媒体，往往要解决两大关键问题：一是硬件的改造，使它能满足教学活动要求，方便教师与学生使用，同时要使硬件的价格降下来，便于大规模推广；二是软件的编制，教学媒体所存储与传递的信息是教学信息，并且编制的原则与方法要符合教学活动的要求。

二、教育媒体的信息理论

学与教是一种信息获取、存储、传送、接收和加工的过程，教育媒体是信息的载体，在这一过程中扮演了重要的角色。因此，媒体的发展与运用，促进了信息理论的建立与发展，反之在信息理论的指导下，又促使媒体取得更为有效的运用与发展。接下来，我们将对教育媒体中所承载的"信息"的本质含义，以及教育媒体在学与教过程中所起的作用做简要介绍。

"信息"的含义是什么呢？"信息"一词来源于拉丁文"Information"，意思是解释、陈述。随着社会的进步、科学技术的发展，人们对信息的认识也越来越深入，信息概念的含义也在不断地改变和发展。现在，人们所说的"信息"，已经成为一个包含内容很丰富、意义很深刻的概念，以至人们很难给它一个确切的定义。当前，人们对信息含义的理解，在不同领域有不同的阐释。

日常生活中人们所说的"信息"，往往是指一般的消息。从信息的"本质"与"本源"方面去探讨，"信息"到底是怎么一回事呢？信息论与控制论的创始人之一，美国数学家 N·维纳（N. Wiener）认为，信息是我们在适应外部世界和控制外部世界的过程中，同外部世界进行交换的内容。这一观点对信息本源问题的阐述已进了一步，但维纳的定义中还没有明确指出人类与外部世界所交换的内容是什么。众所周知，人类与外部世界发生联系的过程中，交换的内容是多种多样的。例如，人类可以把自然界的物质（粮食）转化为自身的物质（肌肉、体质），把自然界物质的能量（食物中的能量）转化为自身的能量（如体力、体温）。但是，物质并不是信息，能量也是与信息截然不同的概念。于是，人们注意去探讨人类从外部世界所摄取的另一类重要的内容，就是外部世界各种事物的状态及其规律。这种关于事物运动状态及其规律的描述，虽不是物质和能量本身，但又和物质、能量有着密切的联系。显然，这就是所谓的信息。

由此，我们可以给信息下这样一个比较精确的定义：信息是关于事物运动状态与规律的表征。这个定义概括了日常生活所说的信息的含义。

从信息的角度来看，人类自身就是一个信息体，人类在社会活动中直接接触事物，获取事物信息，从学校教学活动中获取来自教师、媒体和学校环境等方面的信息。获取事物信息，对信息进行思维加工，形成自身的知识和能力，这就是人类的学习过程。因此，学习的任务就是获取信息。概括起来，在教学活动中，获取信息的主要渠道有：①直接接触客观事物获取事物运动状态与规律的第一手信息。②从各种教学媒体中获取媒体的符号，从而进一步去获取事物的信息。主要的教学媒体包括能形象、准确地呈现教学信息的现代教学媒体（如多媒体计算机）和抽象概括呈现教学信息的印刷媒体（如教科书）。③教师的口头语言、表情、体态也是一种重要的教学媒体。在现代学习教学活动中，上述三方面的信息来源缺一不可。当前学校教育信息化建设的重点，应该是更多开发和应用现代教育媒体资源，包括学校的多媒体学习资源中心（含图书馆、视听阅览室）、多媒体综合教室、计算机网络教室、校园计算机网络系统、教育闭路电视系统等多媒体综合系统。另外，也不能忽视校园环境的建设，学校内外的实验、实践基地的建设，特别是优秀教师队伍的建设，应把学校建设成充满信息又容易获取信息的环境，为培养优秀的人才提供物质条件。

三、教育媒体的符号理论

信息是事物运动状态与规律的表征，这种表征是通过符号去实现的。表征信息的符号多种多样，有形象的也有抽象的，有图像的、文字的，还有声音的。用符号表征一种信息意义，是在人类漫长的历史中产生和创造出来的，对它的研究已形成一门深奥的"符号学"。

关于符号的本质，传播学家做了精辟的分析。他们认为，符号是人类传播活动的要素，符号代表事物，它能脱离参加传播关系的双方而独立存在。这些符号在甲方脑中代表其一意义，若为乙方接受，在乙脑中也会代表某一意义。因此，符号可以"译"成"意义"的传播因素。可见符号的本质包括三层含义：

（1）符号代表事物。用符号代表事物，而且某一符号只代表某一事物。随着语义学的兴起，人们懂得：符号并不等于事物，地图并不等于土地，姓名并不等于所称呼的人，一种符号只是一种事物状态与规律的代表。

（2）符号的意义来自经验。符号是怎样得到它的意义的呢？宣伟伯指出："符号的意义来自经验。"人从他有生命开始，很早便能把感官接触的东西加以组织，并形成意义。

（3）符号的意义因人、因传播环境而异。在传播活动中，共享的是符号而不是意义。意义来自个人的经验，是个人经验和个人对事物反应的总和。任何两个人都不会有相同的经验和反应。所以说符号的意义属于个人，是因人而异的。

符号也因传播环境的不同而有不同的意义。同样是一个词语符号，随着时间地点的推移，它的含义也是在变化发展的。一个符号对于某个人所具有的意义比字典中罗列出来的要多得多。字典中只能列出一些典型的、被大家公认的意义，而个人的理解则是带有个人经验、个人情感色彩的，是与众不同的特别意义。

随着社会的进步与科技的发展，所使用的符号种类也越来越多，有人把它分为语言符号与非语言符号，也有人把它分为数序符号、形态符号和模拟符号。我们将以后一种分类为例，做进一步的介绍。

（1）数序符号：包括口头语言、书写与印刷的文字符号。因为语言与文字是有先后顺序的，不能打乱，如同数序一样，所以称为数序符号。

（2）形状符号：包括图画、图标、地图等。形状符号是一实际事物的抽象符号。

（3）模拟符号：包括音乐或动作的符号。模拟符号又可分为视觉模拟符号（如动作和事物的活动图像）和听觉模拟符号（如音乐和音响）。

教学媒体中的教学内容都是通过上述符号来实现的，不同的媒体所使用的符号也有区别（见表3-1）。

表3-1　教育媒体所使用的符号

媒体		符号			受刺激感官
		数序符号	形状符号	模拟符号	
印刷品	有插图	√			视觉
	无插图	√			视觉

续表

幻灯片	无声		√		视觉
	有声	√	√		视、听觉
电影片	无声		√		视觉
	加字幕	√	√		视觉
	有声	√	√	√	视、听觉
录音带		√		√	视觉
电视、录像		√	√	√	视、听觉
多媒体计算机课件		√	√	√	视、听、触觉

我们知道，符号代表事物，教育媒体中所使用的符号都表征了一定的教学信息，但符号的意义却来自经验，因人、因环境而异。因此，在编制与选用教育媒体时，只有根据教学对象和教学环境去使用最合适的符号与教育媒体，才能产生良好的教学效果。

四、教育媒体选择运用的原理与方法

不同的媒体运用不同的符号去承载信息，且表现出的教学功能与教学特性各不相同。因此，在编制与运用各类教学媒体时，应分析每种媒体的教学功能和特性，根据需要，取长补短，综合运用。

（1）呈现力。呈现力表示媒体呈现事物信息的能力。我们知道，信息是事物运动状态与规律的表征。信息不是事物本身而是事物的表征，它是用不同符号去表征或描述的，从而决定了媒体有不同的呈现能力。

（2）重现力。媒体的另一重要特性是对信息的重现能力。实时的广播与电视瞬间即逝，难以重现；录音、录像与电影媒体能将信息记录存储，反复重放；幻灯、投影也能按教学需要反复重放；计算机课件存储的信息则能按学习者的需求重现。

（3）传送能力。传送能力是指媒体将信息同时传送到接受者的空间范围。广播与电视能将信息传送到十分广阔的范围；计算机网络系统和有线电视播放系统，也能把信息传至所有终端，有很强的传送能力；至于幻灯、电影、投影、录音、录像等只能在有限的教室与教学场所进行传送。

（4）可控性。可控性是指使用者对媒体操纵控制的难易程度。幻灯、投影、录音、计算机都比较容易操纵，并适合用于个别化学习。对于广播和电视，使用者只能按电台播出的时间去视听，难以控制。

（5）参与性。参与性是指利用媒体开展教学活动时，学习者参与活动的机会。它可分为行为参与和感情参与。交互式的多媒体计算机，使学习者能根据本人的需要去控制学习的内容，是一种从行为与情感上参与程度高的媒体。电影、电视、广播，具有较强的表现力与感染力，容易引起学生情感上的反应，从而激发学生感情上的参与。

教学媒体作为用于教学传播活动的媒体，是否能取得好的教学传播效果，取决于在编制时是否依据下面的几条传播效果原理。

（一）共同经验原理

在教育传播中，教师通过媒体向学生传送与交换教育信息，教师要与学生沟通，就必须把沟通建立在双方共同经验范围内。要学生了解一件事物，教师就必须得用学生经验范围能够理解的比喻，引导他们进入新的知识领域。

当师生之间没有共同的直接经验时，可以通过媒体，如幻灯、投影、电视、计算机等，用画面与声音去呈现事物的运动状态与规律，使学生可以获取间接的经验。在此基础上，延伸到下一阶段高层次的知识介绍。可见，教学媒体的设计与编制必须充分考虑学生的经验与知识水平，才能取得良好的教学效果。

（二）抽象层次原理

抽象是把事物的个别特征去掉，取其共同点，去代表或说明同一类的事物。学生的学习必须从具体到抽象，如果只有形象，没有抽象，则不能把学生获取的信息加工为知识与能力。因此，编制教学媒体时素材的选取必须在学生能明白的抽象范围内进行，并且在这个范围内的各个抽象层次上移动。例如，用文字和语言解说去把形象、现象上升为概念与原理，得出抽象的要点，再用具体的事物来支持。

（三）重复作用原理

重复作用是将一个概念在不同的场合或用不同的范式去重复呈现，以达到好的传播效果。这里讲的重复使用有两层含义：一是将一个概念在不同的场合重复呈现；二是将一个概念用不同的呈现方式去重复呈现。

（四）信息来源原理

传播学研究证明有信誉的和可靠的信息来源有较好的传播效果。因此，在教育媒体编制中, 选用的信息来源应该是有权威、有信誉、真实可靠的。

（五）最小代价原理

研究人类的语言, 有一个法则叫"最小代价律", 即常用字笔画少, 最常用句, 文字少, 以最高的表达效能实现表意目的, 通俗来说这就是以最小工作量去换取最大的收获。教育媒体的编制, 同样要遵循这一原理。根据"最小代价律", 可以得出一条教学媒体编制的选择率法则, 公式表示为:

$$\frac{可能得到的教学效果}{需要付出的代价} = 媒体编制利用选择$$

上述公式表明, 若多种媒体都能达到同样的教学效果, 应首选编制和使用成本低的媒体。例如, 投影片能胜任的教学内容及开展的教学活动, 使用多媒体计算机去实施, 显然是一种浪费。

第二节　知行创合一与协同认知理论

一、知行创合一论

（一）时代呼唤知行创合一

有 500 年历史的知行合一, 长期指导着人们的思想与行动, 然而进入以创新创造为重要特征的智慧时代, 其也有着根据社会发展规律进化的必要与可能, 进化为知行创合一将是传统与现代的完美结合, 历史、现实与未来的合理关联。

研究中国和世界科技史不难发现, 王阳明提出并倡导知行合一的年代, 是纯粹的农业社会, 人类的"知"和"行"主要是认识自然、适应自然, 认识和利用自然的手段较为简单, 人类的四大技术革命还远未开始, 全球范围内的科学技术发展非常缓慢。那时只考虑知和行的二相空间是适合的, 而且在知与行的关系上, 强调知中有行, 行中有知, 知与行二者互为表里, 不可分离, "知行合一"顺理成章、天经地义, 且在相当长历史时期内都是正确的。而且, 即使在当今及未来, 知要尽可能落脚于行, 不转化为行就难以掌握知识的真谛, 更难以让知识发挥巨大作用, 当然知识也必须通过行动性的实践加以检验。

自从信息时代开始，随着具有高速发展性、分蘖成长性、渗透生长性以及行业颠覆性等特征的信息技术发展的影响，人类社会像是处于火箭推进器上一样飞速发展，尤其是随着人工智能的突破性发展，人类的体力劳动与脑力劳动越来越多地被机器和软件替代，劳动创造了人类必然走向发展以创新创造为特征的新的劳动形态，因此时代要求人们成为创新创造之人，相应地人已不能仅仅在知和行的二相空间中有所作为，还要在创新创造方面大显身手，知行创合一相应成为历史的必然。提出知行创合一，不是挑战知行合一，更不是否定知行合一，而是对知行合一理论进行发展、补充与完善。

从创新的总体趋势看，人类社会是由小创新不断向大创新发展的。比如，2020 年 11 月 10 日我国"奋斗者"号载人潜水器成功坐底马里亚纳海沟，创造了 10909 米载人深潜新纪录，而为了完成"奋斗者"号研制及海试任务，我国进行了许多创新创造：创造了国际上容积与工作压力组合技术指标最高的超大型深海超高压模拟试验装置；突破了全海深超高清视频实时采集压缩存储技术、全海深无线光通信技术、全海深耐压透镜灯罩关键部件制造技术、全海深视频直播系统；建造了世界最大、搭载人数最多的潜水器载人舱球壳；建造出世界最大、可搭载 3 人的全海深载人舱；研制出智能化控制系统、电动观测云台以及主从伺服液压机械手等全海深技术装备；开发出基于数据与模型预测的在线智能故障诊断、基于在线控制分配的容错控制以及海底自主避碰等功能；采用基于神经网络优化的算法，实现大惯量载体贴海底自动匹配地形巡航、定点航行及悬停定位等高精度控制，实现了"奋斗者"号声学系统中全海深水声通信机、地形地貌探测声呐、多波束前视声呐、多普勒测速仪、避碰声呐的自主研发以及定位声呐和惯性导航设备的系统集成。创新是智慧时代的显著特征，创新将越来越多，因此寻求对其的理论突破，知行创合一，适逢其时。

（二）有着广泛认知与实践基础的知行创合一

1. 陶行知思想理论中蕴含知行创合一

被毛泽东同志称为伟大的人民教育家、被宋庆龄先生称为万世师表的陶行知，是我国对知行创关系探讨最持久、最深入的思想家。

陶行知年轻时对明代思想家、教育家王阳明特别崇拜，深受其"知者行之始，行者知之成"为核心的知行合一思想的影响，19 岁时将自幼时一直使用的名字改为陶知行。随着学习和研究的不断深化，他越发感到"知者行之始，行者知之成"的说法欠妥，43 岁时发文《行知行》，提出"行是知之始，知是行之成"，将王阳明阐释的知行关系颠倒了一下，并再次改名为陶行知。后来，由知、行的二元关系探索向知、行、创三元关系探索转变，"行动是老子，知识是儿子，创造是孙子"的《三代诗》是其知－行－创三元关系探讨的结晶。再后来，他越发感到创新创造对人、对民族和对人类社会发展的重要性，相应造了能够包括知、行、创三个意思的一个字，并以此字为笔名发表文章。1943 年 10 月 13 日，陶行知发表著名的《创造宣言》，发出了"只要有一滴汗，一滴血，一滴热情，便是创造之神爱住的行宫，就能开创造之花，结创造之果，繁殖创造之森林"的创造呐喊。[①]1944 年 12 月 16 日他在《大公报》上发表《创造的儿童教育》，提出"教育不能创造什么，但他能启发解放儿童创造力以从事于创造之工作"，"应该成人加入小孩子的队伍里去，陪着小孩子一起创造"。陶行知将人的生活是有规律、有组织、有创造、有发展的，是与其他动物盲目的生活不同的，明白地在教育意义上表现了出来。[②]由以上可见，陶行知对知行创的关系探讨深入、持久且极具独创性，最为独特的是身体力行，并"名"符其实。在向创新型强国冲锋的当代中国人，有义务、有责任将陶行知的知行创关系理论进一步发扬光大。

2018 年秋，人民教育出版社将《创造宣言》收入九年级语文课本，以更好地在年轻人的心灵中撒播创新创造的种子，从而形成创新创造的自觉，并终成创新创造之人。

2. 我国科技盛会几度易名彰显知行创合一

我国科技界高度重视知行创的统一，著名科技盛会几易其名最有说服力。

1978 年 3 月 18 日，中共中央、国务院召开全国科学大会，我国迎来了科学的春天。

时隔 17 年后的 1995 年 5 月 26 日，中共中央、国务院再次召开该大会时将大会名称改为全国科学技术大会。这名称的修改极富深意，因为科学更多属于知识的范畴，知识就是力量，但是知识只有转化为技术才能发挥其力量，因此，将科学大会改为科学技术大会，是特别具有智慧的。

时间再隔 17 年后，2012 年 7 月 6 日，中共中央、国务院又一次召开该

---

① 陶行知.陶行知全集（第 3 卷）[M].长沙：湖南教育出版社，1985：483.
② 吴玉章.回忆陶行知先生[N].新华日报，1946-9-22.

大会时，将会议名称再一次改为全国科技创新大会。这一修改同样极富深意。可将新名称看作知行创合一思想的间接表达——科学是知，技术是行，创新当然是创，也昭示着我国将创新型国家建设提上了议事日程。实践是理论之源，科技界的此认识进化使知行创合一的诞生顺理成章。

我国科技界著名盛会名称的几度改变，清晰地表明我们党和国家以及科技界思想认识的与时俱进，这也是我国科技领域的发展不断突飞猛进的深刻原因之一。

3．学习目标层次进化预示知行创合一

曾担任美国教育研究协会会长的著名心理学家、教育家本杰明·布鲁姆（Benjamin Bloom），1956 年在《教育目标分类：认知领域》一文中将认知领域教育目标分为识记、领会、应用、分析、综合、评价六个级别。该分类被教育界广为接受和采纳。后来他的学生征得他的同意，将六个级别重构了，相应进化为记忆、理解、应用、分析、评价、创造。其进化的核心是将最高为评价的目标，发展为最高为创造的目标。这一改变，贯通了"知行创"，是没有知行创合一理论指导的事实上的知行创合一。这表明，在 20 世纪中叶，我国学界就存在知行创合一的萌芽和实践，只是没有将其上升为系统的理论，或未将知行创合一这层窗户纸捅破。

4．地平线报告预测知行创合一成为学习的共性要求

美国新媒体联盟（New Media Consortium，NMC）是关注新媒体和新技术在教育领域教学应用的专业机构，2002 年开始启动"地平线报告"项目，每年预测和描述未来 3 年、5 年、10 年可能对教育产生重大影响的新兴技术及其在教学中的应用。由于多年发布的地平线报告对新技术影响教育发展的趋势预测得到应验，因而在全世界有很大的影响力和很好的口碑，在我国对其关注的人特别多。然而，绝大多数人关注的是其中预测技术进入教育的时间，而对技术将会给教育产生的深刻影响的预测关注不够，而事实上其对技术支持的教育发展趋势的预测更有价值，尤其是对方式方法发展变迁的预测。

《2014 年地平线报告》的基础教育版和高等教育版分别做了如下预测：未来几年内美国的学生将由知识的消费者（consumer）转化为创造者（creator）。这一预测是非常有价值的。因为美国的教育在知识与实践的统一方面做得相对较好，特别是在注重学生能力的培养方面，但是这种培养在人类走向创新创造为重要特征的智慧时代又显得远远不够了，还必须让学生成为创新创造者，这些学生包括大中小学生，即大中小学生都要创新创造，都要

通过教育培养学生的创新创造能力。

《2014 年地平线报告》在对时代特征洞察基础上的"由知识的消费者转化为创造者"预测，实质是揭示了教育培养知行创合一之人的趋势，给人们的启示是大中小学生都要通过不懈努力做到知行创合一。

（三）现代信息技术助推实现知行创合一

从工业革命开始，人类社会发展的加速度明显提升，而且信息时代社会发展的加速度更快，后者主要得益于信息技术的发展所具有的高速发展性、分蘖成长性、渗透生长性、行业颠覆性的"四性"特点，特别是高速发展性是指数式增长：以每隔 1～2 年翻一番的速度增长，且相当长时间内遵循着相近的翻番周期。比如，摩尔定律所描绘的单一集成电路所集成晶体管的最大数量，已连续翻了 20 多番，1971 年 Intel 的 4004 芯片是当时世界上集成晶体管数量最多的，集成了 2300 个晶体管，时隔 46 年后的 2017 年，全世界集成晶体管数量最多的 AMD Epyc 芯片，共集成 1.92×10^{10} 个晶体管，即在 46 年内集成晶体管的数量增加了 834 万倍。如此的指数式增长，使信息技术的"能力"骤升。信息技术"四性"的综合作用，使教育环境与条件都发生了巨大的变化，学习者在拥有物质世界、精神世界的同时拥有了全新的虚拟世界，而且随着物联技术、5G 技术、边缘计算技术、智能技术、3D 打印技术等的发展，虚拟世界与实体世界越来越走向融合，使学习者有了更多学习空间和更多更大的创新创造空间，使人类拥有更为强大的创新创造本领。此外，信息技术的发展大大降低了创新创造的门槛，突破了过去创新创造的掣肘，解放了人的创新创造力。与陶行知所处的时代相比，现在创新创造更为可能，更容易实现"知行创合一"。

现代信息技术使"知行创合一"比任何时候都更为可能，还在于现代信息技术的高速发展催生了许多创新型信息技术企业，这些企业大量的经费投入研发，又使信息技术更加高速发展，进入更加高速的发展轨道。华为公司 2018 年的研发投入高达我国国家自然科学基金的 3 倍多（2018 年华为投入的研发费用为 1015 亿元，同年我国国家自然科学基金共批准资助项目 44054 项，直接费用 259.91 亿元[①]）。我国许多企业加大研发投入，

[①] 郑知敏，刘益宏，于璇等.2018 年度国家自然科学基金项目申请、评审与资助工作综述[J].中国科学基金，2019，33（01）：5-7.

已跃变成为国际引领型企业，而通过适当的形式实现校企有机融通，可让师生更好地实现新知、新行、原创式的知行创合一发展。

技术已使促进教育发展呈现出山雨欲来风满楼之势，教育信息化已到了发挥融创作用的 2.0 时代，已到了信息技术使教育由量变引起质变的时候，然而教育的改革许多仍然是在加固工业时代的教育，或局限在招式的改变方面。

教育外各行各业的"互联网+""人工智能""区块链"的高速发展，将会对教育的"知行创合一"产生一定的倒逼作用。AI 主持、AI 记者、AI 医生、AI 法官、AI 税务员等，人工智能已在许多方面发挥着重大作用，正在深刻改变世界，学习的许多方面也可借助 AI 助力提高效率，使学习者可以学得更多、更好，有时间进行更大的创新创造。

（四）现代化强国建设特别需要知行创合一

在我国，创新已成为最重要的发展理念，成为驱动发展的第一动力，创新驱动发展战略成为我国重要的发展战略，在我国现代化强国建设征程中，国家和民族将更加呼唤创新。

创新的本源在人，创新的人要靠教育培养。过去教育是培养出少数人可以创新创造，而今大众创业、万众创新的"双创时代"，要求教育培养更多的人能够创新创造。人均 GDP 在 2019 年已突破 1 万美元的我国，要迈入中高收入国家的行列，得在几十年的高速、中高速发展的基础上继续保持中高速发展，必须提升全民的创新创造能力，因此无论是学校教育还是社会教育，都要将提升学习者的创新创造素质与能力为新时代的重要任务，与原先的"知行合一"合流为"知行创合一"。

创新型国家建设，呼唤教育培养"知行创合一"的创新创造人才：2017 年 6 月中共中央、国务院印发《新时期产业工人队伍建设改革方案》，提出"造就一支有理想守信念、懂技术会创新、敢担当讲奉献的宏大的产业工人队伍"。新时代的产业工人不仅要有技术，而且要会创新，此要求史无前例。技术是知识基础上的行动，有技术、会创新的实质是要践行知行创合一。党的十九大报告提出"建设知识型、技能型、创新型劳动者大军"。"知识型、技能型、创新型"，实质是要求新时代的普通劳动者是知行创三合一型的。2015 年李克强总理的《政府工作报告》号召"大众创业、万众创新"。创新创造以知识和实践作为基础，这一号召同样体现了知行创合一的思想。以培养德智体美劳全面发展的社会主义建设者和接班人为己任的中国教育，必须在由一味地培养知识人到培养知识人、技能人转变的基础上，实现培养知识人、技能人、创新人的历史性跨越。

国家设计的许多教育活动指向创新，意在促进学生的知行创合一式成长。比如，为中小学信息技术课程专门设计的中小学电脑制作活动，核心是培养学生基于信息技术的创新创造力。再比如，为大学生设计的"互联网+"创新创业大赛，是名副其实的以创新为指向的赛事。

在世界的悠久文化中，唯有中华文化从未中断过，而且悠久的中华文化曾使中国引领世界。然而现在讲文化自信，不能仅仅陶醉于我们的祖辈为人类世界所做出的巨大贡献，当代人不能成为文化的"啃老族"，而要在继承悠久文化的基础上开拓新的文化，开拓能让我们的子孙后代更有文化自信的新文化。在教育领域开拓新文化的任务之一就是创造新教育。提出知行创合一，重要性并不在于它本身是创新，而是以此理论为指导的教育突破、教育升华和教育革命，重要性在于提升人类、人生的发展高度。

创新创造是中华民族最深厚的禀赋。上溯千年，中华民族先辈们的创新创造极大地推动了社会的前进。水稻的发现，大大解决了人类的食物问题；火药的发明，使人类有了更为强大的改造自然的力量；指南针的发明，使人类可远渡重洋，具有了国际视野，增进了国际交流；造纸术和活字印刷术的发明，促进了人类文化和文明的发展。无论从时代着眼，还是从民族和国家未来的发展着眼，都要求现代化的教育造就创新创造之人，要求教育在原先知行合一的基础上，更加凸显"创"，更好地践行知行创合一。

（五）教育要实现知行合一与知行创合一相统一

探讨教育践行知行创合一，将与知行合一构成新的统一体。几百年前王阳明是将知行合一作为哲学命题和思想行为命题提出来的，而且从哲学和思想行为的角度看，在当前及未来都必须坚持和坚守知行合一，在教育的思想政治领域必须坚持知行合一。但是，教育除了思想政治性，还有业务性和专业性，那么在教育的业务方面与专业方面，就不能仅仅停留于此，还必须将创与之融合、统一，即教育领域知行合一与知行创合一是辩证统一的关系，互为补充，相应地要坚持知行合一与知行创合一的统一，实现素质与本领、德与能、政治思想与技术业务的共同发展。

在知行创合一中，知、行、创是相互贯通的关系，即相当于知、行、创分别处于三角形的三个顶点，而三角形三条相连的边是双向可逆的，即知、行、创间是双向循环的：可由知到创，也可由行到创；创可产生知，也可导向行；知可转化为行，行也可转化为知。从现代教育的实际看，知行的先与后不是固定不变的，其先与后在不同的情形下是不一样的，要针对具体的情况区别对待。认知有直接认知与间接认知之分，对于直接认知，则行在前，但是，随着知识爆炸导致的知识骤增，人们在学习前人所实践、创新而产生的知识时，并不都要事必躬亲地首先通过亲自实践去重复前人的认知过程，特别是多媒体、虚拟现实支持的学习，基于科学真理的学习，完全可以是学知识在前，然后将所学的知识付诸实践。

创是新知源，创助科学行。创新是一种特殊能力，必须通过教育有意识地加以培养，而不能仅仅听其自然。不培养只能是少数人创新、小创新，甚至不能创新，"狼孩""猪孩"一定无从创新，因此创新培养的目的是使多数人能够创新。

教育一旦实现了知行合一与知行创合一的统一，将使学习者有更多的高峰体验，进而使其更有活力地学习，更有奔头地、乐此不疲地学习，使新时代的人性得到更好张扬，钱颖一教授提出的人才培养中存在的"高均值、低方差"现象，也可以从根本上得到优化改变了。

二、协同认知理论

（一）协同认知基本概念

协同认知是指人与技术赋能之物共同认知，即由仅仅是人的认知发展为附加人与物共同作用的认知。

协同认知的本质，是在人认知的基础上，辅以物助人认知，实现人由有"帮手"至也有"帮脑"的发展，进而使人能更好地创新创造，更富有智慧地认识社会、适应社会、服务社会、改造社会、引领社会。

协同认知内涵丰富，既是理念理论，又是方式方法，其体系架构包括协同认知理论体系、协同认知技术体系、协同认知方法体系、协同认知能力体系、协同认知应用体系、协同认知教育体系，等等。理论体系主要涉及内涵、价值、基本思想、物感理论、物记理论（类记忆）、物示理论、物析理论、物智理论等，技术体系主要包括物感技术、物记技术、物示技术、物析技术、物智技术等，应用体系主要研究协同认知的具体方式方法以及探讨协同认知理论在工作、科研和生活中的运用等，教育体系主要包括协同认知教育内容、协同认知教育平台、协同认知教育资源、协同认知教育方式、协同认知教育评价、协同认知习得等，研究如何据此变革教育。

（二）协同认知诞生背景

1. 人类社会走向更加关注"帮脑"提升认知新阶段

人类社会的发展过程，是人类不断认识社会、改造社会的螺旋式上升过程；改造社会的前提是认识社会，而认识社会水平的提升，有赖于认知能力的提升；认知能力的极大提升，往往依赖认知理论的重大突破。

工具是人体的延伸。人类的发展一定程度上是随着工具的发展而发展的，大机器和电力的产生与发展，极大增强了人类的物理力，人类利用强大的物质工具作为帮手，极大提升了生产力，提升了建设世界的能力。借助这些帮手，可以实现的效果包括：

（1）使人拥有万倍之力。正常人劳动状态下可以抓取的重量差不多为 100 千克，而徐工 XGC88000 履带起重机可一次吊起 4000 吨级的重量到 200 多米高，相当于将人的臂力提升了 4 万倍。

（2）使人提万倍之速。正常人走路速度在 1.3m/s 左右，而"天问一号"以 11.2km/s 的第二宇宙速度行进，更有甚者，"新地平线号"宇宙探测器 2007 年 2 月 28 日飞越木星时速度为 21.219km/s，飞越冥王星时速度为 13.78km/s，从地球到冥王星平均速度为 16.26km/s，即宇宙探测器的速度是人行速度的上万倍。

（3）使人可看万倍之遥。地球再大，从我们国家首都北京到离其最远的其他国家的首都不足 2 万千米，可"天问一号"可让人们看亿里之遥（"天问一号"探访火星到地球的平均距离 2 亿多千米）。

（4）使人可察万分之微。正常人眼睛能分辨两点的最小距离差不多是 0.1mm，而人们借助仪器可拍摄到 10^{-10}m 数量级的单个原子的照片。

（5）使人可入万米之深。2020 年 11 月 10 日我国"奋斗者"号载人深海潜水器在 10909 米深的马里亚纳海沟成功坐底。

在漫长的历史长河中人类也在不断研究创造"帮脑"工具，信息技术与人工智能的产生与发展，将能够支持提升人类的认知力。然而，发展"帮手"容易，发展"帮脑"艰难，迄今没有建构起与智慧社会匹配的以"帮脑"为核心的认知理论，人类的认知提升之路迷茫，有必要创建新的认知理论，寻求人类认知的整体极大提升。

2. 指数式增长的社会人类必须寻求认知增长的新突破

信息技术领域指数式增长，是指每隔一定时间信息技术某些指标翻番式的增长，且连绵不断，典型的是摩尔定律所揭示的"计算机集成电路芯片上所集成的电路的数目，每隔 18 个月就翻一番"的发展性规律，以及克拉克定律所揭示的"磁性硬盘的容量每 13 个月翻一番"的经验规律。在我国，信息化指数式发展的例子较多，比如，我国 CERNET 的出口带宽不足 14 个月翻一番（23 年增加了 48 万倍），再比如，我国移动通信数据传输速率相当于每 18 个月翻一番。第二代移动通信在 1994 年落地中国时，用户体验的数据传输速率为 10k，随后第三代数据传输速率提升到 2M，第四代增加至 100M，第五代移动通信技术的最高传输峰值可以达到每秒 10GB，假如通常的用户体验速率算 1G，二代到五代增加了 10 余万倍。

人们往往较难认识到指数式变化的巨大影响，而是以线性思维将指数发展误认为线性发展。

对指数的认识可从国际象棋冠军的奖赏故事中得到启示。

古代某国有位国王拥有至高无上的权力和巨大的财富，并渴望尝试新鲜事物。一天，一位老人带着自己发明的国际象棋来朝见。国王对国际象棋很着迷，感到十分满足。又有一天他对老人说："你给了我无穷的乐趣。为了奖赏你，你可以从我这儿得到你所要的任何东西。"

于是老人提了他的要求：请您在棋盘上的第一个格子上放 1 粒麦子，第二个格子上放 2 粒，第三个格子上放 4 粒，第四个格子上放 8 粒……即在后一个格子中放的麦粒都必须是前一个格子里麦粒数目的两倍，直到最后一个格子放满为止。

国王很慷慨地答应了老人这个请求。然而，国王最终发现，按照与老人的约定，全国的麦子竟然连棋盘一小半格子的麦粒数目都不够。

老人索要的麦粒数目实际上是庞大的数字，总粒数将达 19 位数，折算重量约为 2 000 多亿吨，然而全球小麦的年产量只有几亿吨。

此故事表明，当翻番到一定次数后，其数值就大到了无法想象，因此有"棋盘的另一半"之说，即到了 2 的 32 次方就已经是一个庞大的数字，原先不起眼的事物经过如此发展就会变得无比强大，就会量变引起质变，发生颠覆性变化，过去许多无法想象的事情就会变为现实（比如无人驾驶汽车、机器人医生等）。

信息技术不仅仅是在指数式发展，有些还会发生一些突变，比如，由传统计算机发展为量子计算机、量子通信的发展、人工智能深度学习的改变。因此在如此新的信息与智能引发的革命中，人类的认知方式必须有革命性的提升。

3. 人类固有认知指数式突破未见曙光

指数式发展的技术社会，需要指数式提升的认知匹配。认知的提升通常有两大路径，一是通过脑科学技术突破提升人的认知能力，然而，脑科学在揭示认知方面迟迟未取得重大突破，而且从目前发展来看，短时间内人类还无法克服自身大脑认知的局限。二是通过技术手段将电脑与人脑相连，实现全新意义上的人机通信，然而已经发展的脑机接口，用于简单的康复训练还很勉强，要达到常人运用水平，探索之路还很漫长。

由此可见，认知的极大提升，短时间内不能仅仅寄托于大脑，必须另辟蹊径，协同认知是唯一选择。人类还没有高度认识新的信息技术对认知的巨大影响、产生新的认知理论的必要，认识到的更多是信息技术对生产、生活、思维、交流、工作、学习的影响。然而，对认知的理论突破，促进人类认知跃上新台阶，有助于人的创新创造能力迸发式提升。

4. 技术已赋物认知

认知主要包括感知、分析、判断、记忆、决策等方面，现代技术的发展已使许多人外之物能够帮助人们进行许多辅助的感知、分析、比较、识别、记忆、推理、判断、预测、预警、计算、决策、综合、转换。特别是人工智能已从计算智能、感知智能不断向认知智能迈进，具有语义内涵理解、判断甄别、深度学习等能力，为助人认知提供了更多的可能。

现代信息技术将成为新认知理论的催化剂，主要体现在以下几个方面。①建立在非凡算力之上的强大的信息加工处理能力。2020年12月4日我国量子计算原型机"九章"问世，实现了具有实用前景的"高斯玻色取样"任务的快速求解。根据现有理论，其速度比当时（2020年12月）最快的超级计算机（日本"富岳"）快100万亿倍，比2019年谷歌发布的53个超导比特量子计算原型机"悬铃木"快100亿倍。经典计算机中电子只有0和1两种状态，而量子可处于叠加态，每增加一个量子比特，其计算能力就会指数级提升。在计算能力上实现相比于经典计算机的指数级提升，从而为解决一些具有重大社会和经济价值的问题，如密码破译、大数据优化、材料设计、药物分析等提供可能。②网络无比强大的信息联通能力。使设备间不是单打独斗，而是发挥集群优势、群体效应，从而具有协同性、综合性、科学性的特点。③基于巨量存储的强大"记忆"能力。信息技术发展的感知是过目不忘，感知后的信息可以实现海量规模，使得人们既可以精准调取，又可随时随地调取，且能够有效匹配关联。④基于深度学习和智能识别的超强评价与判断力。人脑识别、语言识别、语义识别已超过人类。⑤万物互联、物物在联的高感知能力。感知是认知最基础的存在前提，也是运用最为普遍的认知方式，现在技术不仅可赋物"感知"，而且所赋"感知"超过人自身感知范围之广、程度之深超乎寻常，具有更多、更快、更广、更灵、更精的特点——超感：由常量感知发展为极微量或巨量感知；由表象感知发展为深度感知；由近身感知发展为遥远感知；由瞬间的片断式感知发展为可连续、无间隔的长时间的趋势与规律感知；由感知要素有限发展为可无限感知。人类制造的技术的感知，不断走向高速感知、高灵敏感知、低成本感知。

扩展感知、增强感知是赋物认知的鲜明特点，物的工具式"感知"本领十分出色，比如，在增强感知的光线波长维、亮度维、色彩维方面表现惊人。人只能感知电磁波中波长在380~760nm范围内的可见光，而且光线不能太强或太弱，可是现在利用技术人们还可感受无线电波、微波、红外光、紫外光、X光，这无形之中使人们感知的波段范围有极大提升，而且发现时间不长的电磁波中的T射线（太赫兹辐射，频率在0.3~10THz，$1THz=10^{12}Hz$），具有"绿色透视力"，能在30米之外准确识别手提箱里的东西，将其用于胸透拍片，辐射量只是X射线的百万分之一，即T射线对人体的辐射量只是X射线的100万分之一；再比如，在增强感知的距离维、深度维、微观维，"天眼"可远程监控，利用先进技术，人们已拍摄了"黑洞"的照片，人类已可拍摄得到单个原子的照片，可获取物体内部的影像，利用先进技术遥测深海、深地已不是梦。我国研制的最大下潜深度达10619米的"海燕-X"水下滑翔机，通过搭载的温盐深、溶解氧、湍流、光学等任务传感器，可进行海洋环境多要素参数的观测，是最好的说明。

在协同认知中，期待"非生命性认知体"——感知+AI+计算复合的单元诞生与发展。随着边缘计算的发展以及人工智能与边缘计算的结合，人的感知能力将有极大提升，更好地为人类服务。

在创新认知理论方面我国独具优势，因为在5G、量子计算以及人工智能等先进的信息技术方面，我国已处于世界第一方阵，这为我国创新认知理论并探讨人类认知提升奠定了先进的技术基础。

以上信息技术所产生的众多且巨大的"信息力"汇聚在一起，能够帮助人们分担感知、记忆、分析和决策方面的许多事务，使人们认识世界与改造世界的能力极大提升。

人类社会已发展到了能将这些上升为认知理论加以创新，并使之更好地为人类服务的时候了。人类已进入人机协同的智能时代，机器和信息技术体系已能够在感知、识别、计算、转换、预测、预警、判断、决策等方面帮助人们做很多事。

创新及发展协同认知理论既有时代的必然性，又具有迫切性。

（三）协同认知的价值

1. 推动认知理论时代化

认知事关人类发展，而人类对新认知的研究相对迟缓，从大的方面看主要诞生了离身认知、具身认知、情境认知等认知理论，还没有高度认识以人工智能、物联感知、量子计算机等新一代信息技术高速发展对认知的巨大影响以及产生新的认知理论的必要。人们已认识到信息技术对生产、生活、思维、交流、工作、学习的巨大影响，然而，对认知的理论突破能促进人类认知跃上新台阶，有助于人的创新创造能力迸发式提升。

2. 促进认知方式时代化

协同认知既是理念，又是方式，其诞生可促进人类认知的提升，推动人由"己认知"走向"群认知"；由"单主体认知"拓展为物相助、物参与的复合认知；由本能性认知、自然态认知走向主动性认知、高阶态认知；由对近距表象世界的认知，走向对深远本质世界的洞察和认知。促使人由"小我"走向"大我"，从而推动更多的人走向创新创造。

新的认知理论将指导人们在新的社会的认知，从而加速人类社会的发展。在新的时代，如果不能很好发展和利用协同认知，仅从认知方面看，我们在新时代的人就犹如工业时代的自耕农。

（四）教育要重视提升人的认知

没有认知的突破，教和学要不断跃上新高度是非常难的。新的时代必然呼唤新的认知理论的诞生。

提升认知难，不着眼于提升认知的教育更难：在后喻文化时代，再不着眼认知极大提升的教育，难以使学生学习后得到与时代要求匹配的极大提升，因为知识已越来越多地以多媒体化表示，学生完全可自主习得。

过时的知识教育、效率低下的知识教育，一定程度上制约着人类认知的发展。教育要着眼于培养提升学生的新认知，必须以破除教育中一些内卷化的行为作前提。教育内卷化有多方面的表现，比如，在固化的知识上玩娴熟游戏，技术指数增长而学习增量微小，创客教育少创造，匠式教育不是培养思想者、创造者，应试教育做了大量无意义的练习，教育使人的提升度远远不够，语言学习效率低下浪费了人们大量的青春年华，等等。

我国教育现代化已历经面向现代化、基本实现现代化、率先实现现代化的发展，相应要求提升人的发展维度、人类社会高度以及引领世界的先进度等。

（五）协同认知与教育技术的关系

协同认知与教育信息化都以信息技术为纽带。协同认知是信息技术高度支撑的结果，教育信息化以在教育领域充分而有效地运用现代信息技术为重要表征，因此教育信息化理应在支持和发展协同认知以及协同认知的教育与学习方面发挥更大作用，使这门现代性课程真正起到时代化的引领作用。教育信息化人相应地要成为协同认知的先行者、教育者、研究者、创新探索者、宣传者，教育信息化的当务之急是要改造信息技术教育，使其走向更高层次。

第三节　信息化环境下的教与学理论

一、认识"教"与"学"

关于"教学"至今没有一个确定的解释，但通常我们将其理解为是教师的教和学生的学组成的一种人类特有的人才培养活动。通过这种活动，教师有目的、有计划、有组织地引导学生积极自觉地学习和加速掌握文化科学基础知识和基本技能，促进学生多方面素质全面提高，使他们成为社会所需要的人。

从广义的角度理解，教学已经不再是某些自发、零星、片面的影响，它从内容到形式都体现出有目的、有领导、经常而全面的影响。这就区别于生活本身和一般的学习和自学。不过，这种"教学"与"教育"一词通常表示的含义没有什么区别。在我国古代书籍中，"教学"和"教育"两词是互相通用的。

从狭义的角度理解，通常所说的教学是教育一部分，是教育的基本途径。教学从教育的概念中分化出来，区别于教育的其他内容和形式，如家庭教育、幼儿园教育、生产劳动教育、社会教育等。教学以传授和学习知识技能为主要内容，它对学生身心的多方面影响都是紧紧结合着传授和学习来进行的。

教学是通过实施一系列教学活动来进行的。教学活动中包含七大要素：学生、教师、教学目标、教学内容、教学方法、教学环境、教学信息反馈。顾名思义，教学可分为教师"教"和学生"学"。所以在教学活动中，主体是学生，没有学生就没有组织教学活动的必要和可能，也不存在教学活动，所以学生是教学活动的根本。教师是教学活动中除学生外的最重要的组成部分，如果没有了教师对学生的引导，学生的学习就没有组织、没有方向，进入不了正轨，教师在教学活动中的重要性可见一斑。

教学可看作一个过程，教育心理学家加涅根据学习的内部和外部条件理论，提出了著名的"教学过程的九大步骤"理论。这九大步骤依次为引起注意、告诉学习者目标、刺激对先前学习的回忆、呈现刺激材料、提供学习指导、诱发行为、提供反馈、评定行为、促进记忆迁移。告诉学习者目标、提供学习指导和评定行为是这个过程中比较重要的几步。告诉学习者目标是让学生知道自己将得到哪些知识，提供学习指导是当学生困惑的时候为之解惑，评定行为是为了清楚学生的学习是否达到教学目标。综上，教学是运用各种教学方法、教学手段引导学生主体向着既定的教学目标成长的过程。

二、信息化环境下"教与学"理论的新拓展

人们对学习理论的探讨源远流长。20世纪，人们开始通过实验探索学习现象和学习机制的原理，创立了各种学习理论。归纳起来，可分为行为学派和认知学派。从教育实践方面来看，在目前多种学习理论流派中，比较有效且具代表性的"以教为主"的学习理论是加涅的"联结－认知"学习理论；比较有效的"以学为主"的学习理论则是以维特罗克的"学习生成模型"为代表的建构主义学习理论。

随着教育信息化的不断发展，如何运用信息化教学环境（尤其是网络教学环境）来促进教育改革，是当今教育信息化健康、深入、持续发展的关键。为了能更有效地实施信息技术与课程的深层次整合，近年来，除以上传统学习理论以外，中国学者还努力从以下几个方面对信息化环境下的"教与学"理论进行研究与拓展。

（一）数字化学习理论

李克东教授长期从事信息技术与课程整合的试验与探索，通过实践他

认识到，数字化学习是信息技术与课程整合的核心，并从 20 世纪 90 年代以来一直对此核心问题潜心研究，最终形成了一套比较完整、有效的数字化学习理论。该理论涵盖数字化学习领域的多方面内容。

1. 数字化学习的定义与内涵

数字化学习是指学习者在数字化的学习环境中，利用数字化学习资源、以数字化方式进行学习的过程。它包含三个基本要素：数字化学习环境、数字化学习资源和数字化学习方式。

2. 数字化学习环境的基本组成

数字化学习环境也就是信息化学习环境，即以多媒体计算机和网络为核心的信息技术所支持的学习环境。这种学习环境具有信息显示多媒体化、信息传输网络化、信息处理智能化和教学环境虚拟化等特征。它包括设施（如多媒体计算机、网络教室、校园网等）、平台（网上的信息发布平台、互动教学平台、资源管理平台等）、通信（保障远程教学的实施）、工具（支持学习者进行自主建构和解决问题的学习工具）等几个基本组成部分。

3. 数字化学习资源的主要类型与特性

数字化学习资源包括数字视频、数字音频、多媒体课件、CD-ROM 光盘、专题网站、电子邮件、计算机仿真系统、在线讨论区、数据库等多种类型，它具有多媒体、超文本、友好交互、虚拟仿真、远程共享等特性。

4. 数字化学习理论的显著特征

就数字化学习内容（含学习资源）的获取与利用而言，它具有随意性、实效性、多层次性、可操作性和可再生性等显著特征。就数字化学习方式的过程与结果而言，则具有如下特点：学习是个性化的，且能满足个体需要；学习以问题或主题为中心；学习过程要进行通信交流，学习者之间要进行协商与合作；学习具有创造性与再生性；学习是随时随地的、终身的。

5. 实施数字化学习的关键因素

有效实施数字化学习的关键因素，是要让学生学会把信息技术作为获取信息、探究问题、协作交流、解决问题和建构知识的认知工具。

6. 对数字化学习模式的探索

李克东教授除了进行有关数字化学习理论的研究以外，通过在中小学进行多年信息技术与课程整合的教学实践，还总结出了一批比较有效的数字化学习模式。如，"基于课堂讲授的情境——探究模式""基于校园网的主题探索——合作学习模式""基于互联网的小组合作——远程协商模式""基于因特网的专题探索——网站开发模式"等。这些模式，有些能支持教师更好地教，有些能促进学生更主动地学，因而受到众师生的欢迎。

（二）协同学习理论

祝智庭教授领导的学术团队近年来在"协同学习理论"方面的研究引起了学术界的关注。依据传统学习理论设计的学习技术系统（即有信息技术支持的学习系统）难以满足培养21世纪新型人才的需求——社会的快速发展要求个体具备多重素养，特别是要具有问题解决能力和批判性思维。这是传统的学习技术系统无法实现的，而要探寻全新的、更为有效的学习技术系统，就必须要有全新的学习理论的支持。为此，祝智庭教授及其团队首先对现有学习技术系统的局限性进行了认真的剖析，明确指出其局限性表现在缺乏学习者与内容的深度互动，缺乏信息聚合机制，缺乏群体思维操作，缺乏分工合作与整合。为了弥补这些缺陷，经过深入研究，他们探究出了一种面向知识时代、能很好地适应知识与技术发展的新型学习技术系统。这种新型学习技术系统的设计，完全建立在他们所提出的一种全新学习理论——"协同学习理论"的基础之上。协同学习理论包括以下内容。

1. 协同学习的概念

协同学习（Synergistic Learning）内涵与一般的协作学习（Collaborative Learning）或合作学习（Cooperative Learning）有本质上的差异："协作学习"或"合作学习"是指小组学习的各种不同形式，其内涵主要涉及学习过程的策略与方法；而协同学习是指通过对学习技术系统中各个组成要素（包括认知主体和认知客体以及二者交互所形成的学习场）之间的协同关系与整合，以使教学获得协同增效，可见其内涵主要涉及学习系统的结构与功能。因而基于协同学习概念可以形成一种全新的学习框架，以支持技术条件下的教与学活动。

2. 协同学习的多场作用空间

构成学习场的作用域有五个，即信息场、知识场、情感场、行动场和价值场。前四种场，是传统教学目标分类（即认知、情感和动作技能等教学目标）的衍生，而价值场则是一种系统导向和终极追求。五个场既是学习的目标，又是实现目标的途径。各场阈内的要素之间以及各场阈之间相互联系、相互作用，表现出组织与协同等特性。

3. 协同学习的发生机制

协同学习发生机制用一句话概括就是：多场协同、个体与群体的信息加工以及知识建构。信息场与知识场提供了知识创新的空间；情感场为学习行为的发生和维持提供了驱动力来源，并作为知识协同加工过程的动力，去协调整个学习过程；行动场则提供了行为表现、活动展开和智慧生成的空间，是学习过程的延展和迁移；价值场与集体和个人的价值观、人生观以及道德规范密切相关，是主体对客观事物做出行为反应的基础——表征个体和群体在学习过程中的基本取向与追求。可见，这样的多场协同，可实现信息、知识、情感、行动和价值的有机整合与重组，促进个体与群体以内容为中介的深度互动及信息加工，从而达到较深层次的知识建构。

在上述协同学习理论的基础上，祝智庭教授及其研究团队还建立了"协同学习系统元模型"，分析了协同学习系统的技术要素，并讨论了来自其他方面对协同学习系统的理论支持。这种协同学习理论以及在此基础上形成的新型学习技术系统，由于能为数字互动课堂提供全新的协同学习模式，从而为学习领域的创新提供了新的思路与方法，协同学习理论也逐渐引起学术界的关注。

（三）移动学习理论和 TEL 五定律

黄荣怀教授及其团队在教育信息化领域进行了关于"移动学习理论"与技术促进学习（Technology enhanced learning，简称 TEL）的大量理论与实践探索，取得了较丰硕的成果，其中具有自主创新意义的理论成果主要有两方面。

1. 移动学习理论

黄荣怀教授及其团队在认真梳理、归纳目前学术界关于"移动学习"概念的各种阐述后指出，移动学习的内涵应包括以下三个属性：移动学习不仅仅是使用可便携设备的学习，也应强调是发生在一定情境中的学习；移动学习不是一种孤立的学习方式，它应与其他的学习方式混合；移动学习不应该仅仅是向小屏幕输送或呈现内容，也要关注学习发生。

基于对上述内涵的理解，"移动学习"定义可以表述为：移动学习是在非固定的、非预先规划的时间和地点的非正式场所，利用移动设备与世界交互发生的个人的、协作的或者混合方式的任何学习，也包括正规场景，利用移动设备促进个体探究和协作的活动。

在此基础上，黄荣怀教授及其团队还分析了移动学习发生的条件及其基本特征，特别是对决定移动学习成败的关键问题——"移动学习活动设计"进行了深入的研究。通过对 30 多个国际移动学习项目及相关活动的分析，形成了颇有创意的"移动学习活动设计模型"（MLADM 模型），并对该模型中的需求分析、聚焦学习者、学习场景设计、提供必要的技术环境、约束条件分析和学习支持服务设计等六个基本环节进行了详尽的分析，同时还运用大量国际知名移动学习项目的实际学习活动案例做进一步的论证与说明，因而具有较强的逻辑说服力和较大的实践指导意义。

2. 技术促进学习五定律

黄荣怀教授及其团队还对"如何运用技术来支持学习"的问题进行了研究。

首先，将"学习情景"定义为"对一个或一系列学习事件或学习活动的综合描述"，并指出学习情景包含学习时间、学习地点、学习伙伴、学习活动四个要素。其中学习活动是学习情景的核心，它包含学习任务、学习方法与评价要求三个基本组成部分。

其次，按照学习情景组成要素的或缺程度，研究团队将典型的学习情景分为课堂听讲、个人自学、研讨性学习、边做边学、基于工作的学习五大类型。

再次，又把"有效学习活动"定义为"学习者在预期的时间内完成学习任务、达到学习目标的过程"，并强调，实施有效的学习活动应具备以真实问题为起点、以学习兴趣（意愿）为动力、以学习活动的体验为外显行为、以分析性思考为内隐行为、以指导和反馈为外部支持五个条件。

最后，在上面给出的"有效学习活动"定义及实施条件的基础上，通过进一步论证得出以下结论：要想运用技术促进学习，并取得实效，必须满足数字化学习资源、虚拟学习社区、学习管理系统、设计者心理、学习者心理等五个方面的相关条件——这就是黄荣怀教授及其团队所提出的利用技术促进学习需要满足的五定律，也称 TEL 五定律，其具体内容如下。

定律 1（资源）：若要学习者主动浏览或"遍历"数字化学习资源，并使其获得优于 F2F（面对面）教学的效果，需要满足内容必需、难度适中、结构合理、媒体适当和导航清晰五个基本条件。

定律 2（环境）：若要学习者在一个虚拟学习环境（VLE）中能像在"教室"环境中一样地交流，甚至能优于现实环境，需要满足群体归属感、个体成就感和情感认同感三个基本条件。

定律 3（系统）：若要教师能通过学习管理系统（LMS）对学习过程进行有效管理，需要满足过程耦合、绩效提升、数据可信和习惯养成四个基本条件。

定律 4（设计）：用户不一定能清晰理解课程资源、学习支撑平台、管理信息系统等的设计意图，不了解用户"心理"的设计通常是失败的。

定律 5（用户）：无论是远程的还是现场的，学习者在遇到学习困难时不一定会去向教师求教，"守株待兔"式的辅导通常是失效的。

实践证明，TEL 五定律对于信息化环境下的教学设计人员和学习组织者具有较重要的借鉴及指导意义。

（四）教学结构理论

自 20 世纪 80 年代以来，我国各级各类学校都进行了教学改革探索，学校领导和教师为此付出了艰辛的劳动，也取得了不小的成绩。然而这些改革试验往往都只停留在教学内容、教学手段和教学方法的层面，并没有或者很少涉及教学结构的改革。这是因为，教学内容、手段和方法的改革不一定会触动教育思想、教学观念、教学理论和学习理论这类较深层次的问题。我们不是说教学内容、手段、方法的改革不重要，而是说应该在教学结构变革的前提下来进行教学内容、手段与方法的整体改革，这样才有可能真正触动教育思想、观念、理论这类深层次问题，才有可能取得教学深化改革的重大效果。否则在传统教育思想、观念、理论没有发生改变的前提下，就盲目进行教学内容、手段与方法的改革，哪怕这类改革进行得再多、再深入，也不可能达到素质教育所强调的"以培养学生的创新精神与实践能力为重点"的目标，其最终结果只能是"穿新鞋走老路"。

教学结构改革之所以能避免上述弊端，这是由教学结构的本质特性所决定的，这也是我们特别强调教学结构改革的根本原因所在。如前所述，所谓教学结构是指在某种教育思想、教学理论和学习理论指导下的并在一定环境中展开的教学活动进程的稳定结构形式，是教学系统四个组成要素

（教师、学生、教学内容和教学媒体）相互联系、相互作用的具体体现。简单地说，教学结构将决定教师按照什么样的教育思想、教学观念、教与学理论来组织教学活动进程。所以教学结构是非常重要的，它是教育思想、教学观念、教与学理论的集中体现。教学结构的改变将会引起教学过程的根本改变，也必将导致教育思想、教学观念、教与学理论的深刻变革。

教学结构理论除了上述论述外，还有对教学结构的五种主要特性，即依附性、动态性、系统性、层次性、稳定性的分析；同时还进一步详细阐述了教学结构的三种基本类型，一是"以教师为中心"的教学结构；二是"以学生为中心"的教学结构。这两种是目前世界各国在各级各类学校中流行的教学结构。三是"主导－主体相结合"教学结构，这是何克抗教授根据信息技术与课程深层整合目标（也是教育深化改革的目标）而提出的一种全新教学结构。

随着计算机和网络的蓬勃发展及其在教学活动中不断被探索和应用，人们逐渐认识到了教学媒体在达成教学目标、拓展教学内容、优化教学过程、改变教学方式等方面起着重要作用，因此教学结构的要素由原来的"教师、学生、教材"三要素改变为"教师、学生、教材、教学媒体"四要素，足见教学媒体在教学中的巨大作用，以及其应用于教学的巨大前景和发展空间。

信息技术与课程整合的实质与落脚点是要变革传统教学结构——改变"以教师为中心"的教学结构，创建既能发挥教师主导作用又能充分体现学生认知主体地位的新型的"主导－主体相结合"教学结构；而信息技术与课程整合又是教育信息化的核心内容。可见教学结构理论在信息化环境下的教与学理论中是必不可少的，而且还具有非常关键的意义与作用。当前世界各国教育信息化之所以出现弊端——巨大的资金投入未能达到预期效果，在很大程度上都是由于国际教育界普遍没有对教学结构理论进行深入的分析和研究，更不理解这种理论对实现信息技术与课程深层次整合的关键意义，也就不可能找到有效的深层次整合的途径与方法，因而必将为此付出沉重代价。

第四章 教育信息化与教育均衡发展

第一节 教育信息化环境下的义务教育均衡发展

一、信息技术支持下区域义务教育的均衡发展

（一）信息技术是突破区域义务教育均衡发展瓶颈的有效途径

义务教育均衡发展关乎教育公平、关乎教育质量。义务教育均衡发展对整体教育事业的发展具有不可忽视的意义。教育均衡发展就是为了体现教育公平，教育公平是构建和谐社会的内在要求。实现教育均衡发展是构建和谐社会的重要组成部分，忽视教育公平，构建和谐社会将成为一句空话。信息技术（Information Technology，IT），是用于管理和处理信息所采用的各种技术的总称。它主要是应用计算机科学和通信技术来设计、开发、安装和实施信息系统及应用软件。它也常被称为信息和通信技术（Information and Communications Technology，ICT）。有效而充分地利用信息技术能在很大程度上促进城乡义务教育平衡发展。

1. 义务教育均衡发展的内涵

义务教育发展的新目标是实现义务教育的优质、均衡发展，其表现为教育质量的底线均衡和特色均衡的统一，是在质量合格的底线基础上的特色均衡和差异均衡。教育领域普遍认为实现教育机会平等是教育均衡发展的最终目标，包括入学上的平等、就学过程的平等和学业成就上的平等。根据国家中小学入学率的统计数据，可以说，我国义务教育在入学机会上已基本实现平等，然而，教育机会平等仍然是我国义务教育均衡发展过程中不可放松的任务。因此，我国义务教育均衡发展的内涵也就是在保证教育机会平等的前提下提升教育质量，使得各个层次和各个群体中的儿童和青少年都能够平等地接受高质量的义务教育，从而实现教育机会平等的目标。

2. 信息技术是突破教育均衡发展瓶颈的有效途径

在义务教育发展的过程中，由于受到经济、交通、地理位置等客观因

素的制约，尤其一些欠发达地区的义务教育在均衡发展中遇到了很多困难，比如教育资源少、教师再学习的机会少、学生个性化学习的途径少等。作为信息化社会标志的信息技术，不仅给教育带来了挑战，同时也给教育的发展带来新的契机，其革命性影响的意义体现为优质教育资源的可获得性大大增加、资源开发成本降低，信息技术为教育远程培训提供了可能性以及信息技术促进了学习组织形式的多样化发展。推进义务教育均衡发展应充分发挥信息技术的优势。

（1）促进优质资源共享、改善课堂教学环境。推进义务教育优质、均衡发展的重要途径是在义务教育过程中实现优质教学，而实现优质教学的必要前提就是能够获得充足的优质教育教学资源。以建设、应用共享和评价优质数字教育资源为手段，通过网络平台促进区域优质数字教育资源的共享、丰富课堂教学信息，通过创设教学情境改善传统课堂教学环境，从而为教育教学质量的提高奠定基础。

（2）提供现代远程培训、帮助教师专业发展。促进义务教育均衡发展、有效提升义务教育质量的一个关键因素就是教师，目前，教师专业发展已成为教师教育改革的热点之一。教师要实现专业发展，必须具备继续学习的能力及继续学习的机会。教师培训机会不足、质量差、学习时间少等问题限制了教师的专业发展，而利用信息技术搭建的现代远程教育平台为教师的远程培训提供了良机。

（3）开展信息化学习、拓展学生个性化学习的途径。教学的最终目标还是回归到学生的有效学习上，学生利用信息技术能够在课堂之外找到各种学习资源，可以根据自己的需求展开个性化的学习方式，其中最快捷、高效的就是基于网络的学习，网络化的学习方式有很多，从信息技术发展人们提出数字化学习（E-learning），到信息技术发展过程中出现的混合式学习（B-learning）、移动学习（M-learning）以及目前流行的泛在学习（U-learning）等。

（二）区域义务教育均衡发展中存在的瓶颈问题分析

1. 信息化教育教学的理念落后

科学技术的发展，使得人们的工作更加智能、高效，因此，学习和掌握新技术成为一种趋势，在教育领域亦如此。在教学实践中，人们急于把各种新技术引入教育，过分推崇和依赖于技术的新颖性，教师花费大量的时间去学习新技术，然而，技术更新速度很快，可能教师还没有完全掌握某种技术，它就已经被淘汰了，如此形成恶性循环，没有给技术足够的适应和发展空间，技术对教育的作用收效甚微，而这最根本的原因还是人们教育思想观念的转变未跟上技术的更新。人们不仅要学习新技术，还要适时地更新教育观念，意识到技术本身对教育起到一种自主、能动的作用，用得合适就会对教学产生积极和促进作用，体现其教育价值，反之，就会引起严重的不利后果。所以并不是所有技术都适用于教学，也不是技术越新越好，教育信息化要求人们以信息的观点来认识分析整个教育过程，而不仅仅是将信息技术引入教育教学中。例如，人们应考虑在哪种教学结构中利用信息技术能更好地发挥学生的主动性和积极性、使用哪种教学方法能更好地体现所使用的信息技术的优势等。

2. 优质教育资源的利用率不高

信息化的应用、义务教育各项课程的开设以及教师信息化教学能力的体现等都离不开教育教学资源的支持，因此，要开展义务教育领域的信息化建设，当务之急是建成丰富、开放的教育教学资源系统。在信息化社会，可以说不乏各种信息资源，并且能通过网络将信息传播到各个角落，这样，优质的教育资源就可以被充分地共享，但是事实并非如此。例如，很多优质的网络资源平台只对拥有权限的用户开放，使很多中小学无法共享到优质教育资源。另外，各学校为了实现信息化教学，纷纷建设校本资源库，在硬件资源设施上也投入了很多，如多媒体教室、电子白板等，可是实际应用上因没有网络支持、软件平台水平低、教师信息化能力不足等原因而未发挥应有的作用。这些问题都使得各种优质教育资源没有被充分利用，导致资源的浪费。

3. 教师的信息化教学能力不强

利用信息技术促进义务教育均衡发展，教师的信息技术能力、信息化教学设计的能力、信息技术与课程整合能力等都是必不可少的条件。然而，技术日新月异，从事义务教育工作的教师的思想观念的转变以及教学习惯和能力的培养却不是一蹴而就的，尤其是老教师和农村地区的教师，对信息技术的认识不足、对新的教育理念的接受能力相对较弱、接受培训和学习的机会和时间都非常有限。虽然有的农村中小学也在国家和社会的支持下，对学校硬件设施有一定投入，如多媒体教室、校园网、校园信息化管理平台，等等，但由于各种因素的限制，很难引进这方面的人才，而现有的教师其信息技术能力还无法短时间达到要求。中小学的信息技术课程成了单纯的计算机课，教室的多媒体教学系统成了摆设，课堂教学仍然停留在"黑板+粉笔"的传统模式上，即使有一些懂信息技术的教师，因为缺少全面、系统的知识，欠缺信息化教学能力，也很难实现信息化教学。

4. 学生的信息化学习能力不足

作为学习的主体，学生接受新事物的能力最强，如今小学生对计算机的操作能力几乎超过一些成人，他们能熟练地打开计算机，找到自己感兴趣的东西。然而，在义务教育过程中，由于忽视对学生信息素养的教育，学生对"信息"一词的概念几乎没有认知。在信息技术课上，学生学会计算机的基本操作，却不知道如何去正确地应用它，一些学生会在互联网上漫无目的地浏览，或者利用网上聊天工具体验虚拟世界中的人际交往、在网络游戏中寻找宣泄压力的出口，或者根本不知道这些信息化工具应该用来做什么，因而，从心理上无端地抵触。因此，让学生掌握信息技术，不仅是教会他们如何操作计算机，最重要的是学生信息素养的形成，目的是使学生具备对信息进行识别、加工、利用、创新和管理的知识、能力、情意等方面的基本品质，从而让学生能够合适地利用信息技术学习，提高信息化学习的能力。

（三）基于信息技术的区域义务教育均衡发展途径分析

1. 以提高信息化教学认识为先决，帮助教师认清信息化教学的发展趋势

义务教育均衡发展的价值取向是所有人所有可能方面的发展，利用信息技术促进义务教育均衡发展，我们不仅要考虑如何利用信息技术帮助学生掌握知识，还要考虑在此过程中，如何促进学生的全面发展，如何在信息化社会提高学生的综合素质。因此，对从事义务教育的教师及工作人员来说，首要的任务就是转变教育思想和观念。只有教师拥有现代教育理念，才能更加积极地去学习现代教育方法，将现代教育手段合适地运用到教学中来，让任何地方任何学校接受义务教育的学生都能享受到不受地域限制的优质教育。因此，教师不仅仅是去掌握信息技术，不断地花时间学习新技术，而且要积极主动地思考信息技术本身的自为性，思考在使用信息技术的过程中，它们是否对教学起到了促进作用，需要明确作为现代教育技术的信息技术在教育中发挥作用依赖于现代教育思想的指导，如果思想观念跟不上，信息技术的使用就会盲目、低效。在教学中，不能为了用技术而去用技术，应该考虑各个因素的综合作用，利用信息技术将教学中各要素有机整合起来，设计以"学习者为中心"的信息化的学习环境，让学生体验现代教育理念和方法，从而去适应新的信息化学习方式，培养信息化学习能力。只有老师和学生的观念和能力都得到改变和提高，信息化教学才能有效地开展，信息技术才能真正发挥作用。

2. 以构建数字化教学资源库为平台，促进区域内加快优质教育资源的共享

推进义务教育均衡发展的一个重要方面就是资源的均衡配置，但并不是指"削峰填谷"，更不是全国范围内的绝对均衡，这是不可取也是不现实的，因此，以区域为范围，促进区域教育资源的均衡配置是比较有效的一种手段。在区域内，利用信息技术构建丰富、开放的资源服务体系不但可以降低成本，而且可以让偏远的农村地区也能共享到优质资源。首先，必须建设符合信息化教学需求的学科教学资源库。这些资源不仅要支持教，还要支持学，教师可以利用这些资源来设计课堂教学，帮助学生掌握知识技能，学生可以利用提供的认知工具和学习资源来进行探究学习等。如有的城市建设的教育资源网，将各种优质教学资源集中起来服务教学。其次，利用信息技术完善优质教育资源共享机制。如今很多中小学已实现了校园网的建设，因而，我们可以通过校园网与外界网络连接，共享其他网站的教育资源。比如通过数字图书馆，教师和学生可以浏览、下载自己需要的课外补充资料，有效解决了农村地区经济差、买书难的问题，并且能及时获得最新的学术观点和知识；教师在设计多媒体教学时，可以利用现有的多媒体教学系统，通过网络为学生实时播放远程的优秀视频课程等。总之，加快优质资源共享是推进义务教育均衡发展的重要内容，重点工作不是继续投入更多财力、物力，而是要利用信息技术将现有的各种软、硬件资源和人力资源有效整合，集中优质资源、创建优质资源以构建数字化教学资源库，实现能动态组合的云共享，让各中小学的基础教学设施不再孤立被动地发挥作用，而是既能够为中小学共享外界资源提供条件支持，又能在合适的时候能动地促进教学。因此，在实践中以建设、实现和应用"三通两平台"为基础，外加数字化校园建设为支撑，加快优质资源共享，同时鼓励并引导教师开展信息技术环境下的新媒体新技术教学应用。

3. 以培训一线教师信息化教学能力为基础，加强教师开展信息化教学的力度

信息技术在课堂教学中主要发挥两个重要作用：第一，向学生展示和传递陈述性知识以帮助他们理解；第二，通过学生的实践操作以帮助他们熟练掌握理论知识。教师在使用信息技术设计课堂教学时，如何才能发挥这两方面的作用呢？这就要求教师自己要掌握并且善于运用信息技术，知道使用哪种媒体、哪种方法能达到目标，因此，调动教师自主学习积极性，实现专业发展至关重要。首先，利用信息技术为在职教师开展远程培训。教师一方面可以参加高等学校开设的远程培训课程，利用个人电脑进行实时或非实时的远程学习，遇到问题时可向远程指导老师或专家寻求帮助，并能在专业论坛上与其他学习者分享学习经验或讨论教学实践中的难题；另一方面还可在国家的开放教育网站学习，如"全国教师教育网络联盟"，以及一些师范学校面向所有成员开设的公共精品课程，如华南师范大学、陕西师范大学等开设的"现代教育技术"，教师可以自由地安排时间系统地学习信息技术，掌握信息化教学设计方法。利用中小学校长教育技术能力培训、教师信息技术与学科整合培训、英特尔未来教育基础课程学科教师培训、教育专网建设培训等方式，以教育技术能力建设培训为核心，加强教师媒体环境下教学设计能力的培养和提高。其次，利用信息技术加强各地区各学校的交流合作。对一线教师的培训不仅仅局限于系统的课程学习，教师与社会各界的学术交流也非常重要，可以让教师更好更快地理解现代教育思想，更加有效地解决实践中的问题；教师可利用博客、在线聊天工具、网上社区等信息化工具，与同行、专家或学者交流讨论，随时接受新的思想和观点。如此，能让对信息技术不了解的教师或信息技术能力差的教师得到快速成长。我们采取的方式是以项目课题促平台建设，以平台建设促教学应用，以开展信息化环境下教育教学科研为重点，通过信息技术方面的教育教学竞赛提高教师的应用积极性，培养骨干教师，建设专家团队，引领广大教师开展应用研究。

4. 以培养学生信息化学习能力为目的，提高学生运用技术媒体解决问题的素养

在信息化时代，要实现对学生的素质教育，培养学生的信息化学习能力非常关键。首先，要培养其信息意识，即让学生学会如何在周围海量的信息中识别出有价值的信息，能够知道通过什么方式，到什么地方去获取信息，并且学会如何筛选、利用以及评价获取的这些信息资源。例如，在自主探究学习过程中，学生能够带着问题去寻找答案，能够利用搜索引擎在互联网上找到需要的信息，并能用正确的方式将其组织起来。其次，培养学生主动运用所掌握的信息技术开展信息化学习。不仅要利用信息技术促进教师的教，还要利用信息技术促进学生的学，让学生在即学即用的过程中，快速形成信息化学习习惯，培养信息化学习能力。因此，只有学生掌握了信息技术，并且积极主动地去运用它，改变自己的学习习惯，才能真正实现信息化学习。例如，传统的学习是课堂上老师教、学生学，老师和学生的交互仅限于课堂或课间的面对面交流，这样的信息反馈有限并且低效；而信息化时代，学生应该学会使用信息化工具在任何可能的时间与任何可能的对象进行交流、沟通，在同伴或老师的帮助指导下，解答自己的疑难问题。而且，学生还应该学会如何利用互联网找到现实条件下获取不到的资源，如在农村地区有些中小学没有供学生借阅的图书馆，或者当地没有种类齐全的书店，学生想要获取课外学习资源就是个难题。但是，学生掌握了信息技术，正确认识了信息化环境后，就学会了合理使用互联网去解决这些学习的问题，比如在网上书店购买或者下载电子书，在信息技术环境下开展远程学习、移动学习等信息化学习的活动。

信息时代的今天，教育公平和教育均衡已经成为我国基础教育发展的两大主题。教育信息化不仅为教育的发展提供了更优质的教学环境和资源，是教育现代化的重要标志之一，只有把信息技术有机融合到义务教育均衡发展这个大系统中，且对教育均衡、公平、和谐发展、教育资源的共享起着积极的推动作用，才能真正体现出信息技术的革命性影响。但是在这个过程中，师资起到了很关键的作用，师资均衡是城乡学校教育均衡发展的必然要求，因此，我们首先应加快促进城乡师资均衡发展。

二、教育信息化背景下城乡学校师资的均衡发展

近年来，我国义务教育无论是普及率还是入学率，都有了很大的提升。但是，义务教育还存在许多问题，其中，教育的城乡非均衡发展问题日渐凸显，尤其是城乡学校师资配置的不均衡成为了制约义务教育发展的重要因素之一。实践表明，城乡学校间师资不均衡现象明显，许多优质教师资源流入城区或经济较发达地区，进一步拉大了城乡学校之间的教育差距。而教育信息化为均衡城乡学校的师资提供了必要的平台和理念。下面主要从教师观念、教师流动和教师能力三方面入手，促进师资均衡发展，促使城乡间教师资源的充分利用，缩小城乡学校的教育差距，保障城乡教育的良性互动发展。

（一）教育信息化的特征

教育信息化的概念是在 20 世纪 90 年代伴随着信息高速公路的兴建而

提出来的，当时在国内外非常流行。教育信息化的目的是培养创新型人才，实现教育现代化。教育信息化是将信息作为整个教育系统的一种基本构成要素，并在教育的各个领域中广泛地利用信息技术，促进教育教学现代化的过程。教育信息化不仅打破了传统的教学模式，使教育资源实现共享，教育活动更少受时空的限制，并且易于实现人合作，有利于减少地区之间的教育差距。教育信息化对深化教育改革、实施素质教育、提升学生综合素养具有重大的意义。

教育信息化既包含信息，又包括信息技术，因此它具有这两方面的一般特征。而教育信息化的本质特征是教育现代化，还具有其他如开放性、共享性、交互性、协作性等特征。开放性是指教育者和学习者可以不分地域、随时随地对信息进行搜集学习；共享性是教师、学生及其他相关人员都可以对这些教育资源进行分享；交互性是指教育信息可以以人机交互、机与机交互的方式实现教学与学习；协作性是指教师和学生可以共同协作学习教学资源，实现教学相长。教育信息化的发展要转变教师的教育思想和观念，促进教学改革，加快教育发展，并且使教育的管理手段现代化，特别是在深化基础教育改革方面，可有效地提高教育质量和效益，为培养"面向现代化，面向世界，面向未来"的创新型人才奠定基础，它是中华民族融入国际社会的必然选择。

（二）义务教育阶段城乡学校师资发展不均衡情况分析

实践表明，我国基础教育在教育信息化方面已取得了较大的成绩，尤其是城市和经济较发达地区。但是，由于地区经济、文化、环境等因素，教育信息化建设尚未完全实现。教育信息化建设主要表现在师资方面，城乡间师资不均衡现象日渐凸显。而师资不均衡主要表现为许多年轻教师和优秀教师向城区和经济发达地区流动，导致农村（包括偏远山区）学校的师资队伍下降趋势明显。以下主要是对农村学校师资存在的不均衡进行探究。

1. 师资发展不均衡的表现

（1）农村教师教育信息化观念相对落后。近几年，教育信息化为学校教育观念的更新、教育教学的改革起到了极大的推动作用。但是，现在学校衡量教师教学质量的标准实质上还是考试成绩，而且信息技术课程没有纳入到考试中去，所以学校及教师对教育信息化的认识普遍不高，重视程度也不够。农村教师对信息技术的内容、基础知识及基本技能的了解与掌握缺乏，有的教师甚至疏远或视而不见。随着教育信息化的逐步推进，大部分教育工作者已深切地感受到了信息化给教育带来的变革，但仍有部分人的教育观念还比较落后。教师的教育观念影响了农村地区信息化资源的有效利用和教育信息化的可持续发展。在教师的信息化过程中，许多农村教师都对新的教学媒体与信息化教育模式和方法有一定的抵触，尤其是一些老教师的教育观念都相对传统，对新媒体技术的接受与操作能力相对偏低，所以使教育信息化的推进受到了很大的制约。年轻教师能较快地适应社会信息化的发展，希望自己在城市或重点学校得到更好的发展，所以城乡学校间师资出现了不均衡。因此，我们需要进一步加强教师的教育信息化主导思想，以保证农村学校教育信息化的健康、可持续发展。

（2）农村学校教学师资比较缺乏。义务教育阶段，很多学校要开设信息技术课，但是却没有足够的师资力量。由于农村学校大都地处偏远山区，很多教师不愿或不服从安排去农村学校教学。有的学校是其他科目的老师上课信息技术课程，勉强能维持正常的教学，但是没有起到什么实质性的效果，对教育信息化工作的开展起到了一定的制约作用。农村学校所处的地区地广人稀、生源分散、自然条件恶劣、师生比偏高，而且办学成本相对较高，等等，这些都影响了教师的职业倾向，并且影响了农村经济的发展，从而导致很多教师教学工作的城市化选择取向，农村学校师资缺乏。相对于城市教师，农村教师受教育水平更低，接受培训的机会更少，信息素养较差；而且受地区等因素的影响，农村教师待遇普遍不高，教师的职称晋级、进修等机会都低于城市教师，许多优秀的农村教师逐渐流向城市和经济发达地区，使得农村优秀教师缺乏的状况更加恶化。教师的素质与水平决定着教学质量，师资构成差异是造成义务教育城乡学校发展不均衡的重要原因。从整体上看，义务教育阶段城乡学校师资的数量和质量呈上升趋势，教师数量逐年增加，年轻的新教师占较大比例，教师的学历和职称结构略有提升。

（3）农村教师教育信息化素质相对较低。教师信息化素质包括信息技术水平与信息素养，实施教师教育信息化培训计划后，农村地区中小学教师的信息技术水平普遍有所提高。但培训不到位，使得许多偏远山区的教师教育技术能力很低，很难适应当前现代化教学的要求。农村地区的教师对教育信息化建设的重要性没有足够的认识和理解，使得教育信息化受到了一定的限制。很多学校已经基本上配备了相应的信息化设备，但是没有得到充分的利用和管理，进一步影响了学校教育信息化的进程。教师应该把握好当前的有利时机，通过综合学习，在教学中充分应用现代教育技术，使学生能够享受到优质的教育资源。要提高教师的信息化素质，不仅要完善教育信息化培训体系，还要从教育资源、实践能力和平时的教育教学中着手，从各方面提高教师的信息化素质，实现教育信息化的可持续发展。

2．导致城乡学校义务教育师资不均衡的原因

（1）国家教育经费投入不足，导致师资流向城区和较发达地区。国家教育经费投入不足不仅制约各地区义务教育城乡学校均衡发展，也致使城乡学校师资不均衡发展。由于城市和农村的经济发展存在很大的差距，因此在教育投入上城乡之间差异显著，农村学校的教育经费明显低于城市学校。调查表明，中国城市人均纯收入明显高于农村，城市家庭的教育投入也明显高于农村家庭。因此，大量的优秀教师都向城市或重点学校流动，导致农村学校师资缺乏。

（2）城乡学校的环境差异导致城乡学校教师流动性加大。我国是一个发展中的大国，由于地区的各方面差异，导致地区间信息化发展水平差异明显。实际上我国城乡学校教师待遇存在较大的差距，农村学校教师工资普遍偏低，且居住条件、生活环境都与城镇学校教师相差很多。在社会人文环境上，农村和城市之间在居民受教育水平、信息文化资本与社会信息环境方面都存在较大的差异。对于老师来说，在环境较好的学校中的在职学习或以后发展都优于农村学校。因此，很多年轻老师没有很大的意愿去农村学校，而是选择去城市或经济发达地区的学校发展。

（3）教师的学习环境致使教师的个人能力差异明显。在城区或经济较发达地区，除了基本的物质需求外，教师更注重精神需求和自我价值的体现。教师在条件优越的城市学校，可以在具有挑战性的工作岗位上最大限度地提升自我的专业能力，并且实现自我价值，为所在学校的教育信息化发展作出自己的贡献，而且这些学校为教师的在职学习和终身学习提供了更好的学习环境。在教育信息化背景下，教师不仅考虑到自己现在的发展，更关注未来自身的发展。这样一来，城乡教师间的个人综合能力差异就会更加明显。

3．义务教育阶段城乡学校师资均衡发展的必要性

（1）能有效减小城乡教育差距，提高教师教育教学质量。师资均衡发展是义务教育均衡发展的关键。众所周知，教师是提高学校教育质量的关键因素，师资的均衡化发展是实现义务教育均衡发展的关键所在。在传统的城乡结构下，城市教师与农村教师在资源配置上有极大的差距，并呈现出扩大化的趋向。即使政府部门在政策上有一定的倾斜，而且在流动模式上也采用了多种手段，如支教、定期轮岗、培训学习，等等，但发挥的示范作用受到了很大的约束。统筹城乡一体化可有效地运用各种流动模式，极大地提升了城乡的综合教育教学质量，充分调动了广大教师教学的积极性。教育信息化的逐步实现，使教师资源得到一定的发展，弱化了一些外在因素对教师的影响，使得城乡学校教师能够主动地进行互相学习，取长补短。师资的均衡化发展缩小了城乡学校间的教育差距，提高了农村学校教育教学质量。

（2）充分实现教师资源优势互补。教育信息化建设为城乡学校基本上提供了相同的设施设备，但城乡学校与农村学校的教育各有特色，农村教育具有城市教育所不具备的特色与优势，具有与自然相结合的先决条件。即城市教师到农村学校任教，不单是肩负着示范的角色，更承载着一种挖掘农村特色的使命。而农村教师到城市学校学习，不仅获得了先进的知识和教学手段，更是将农村的特色带给了城市。因此，城乡教师的均衡是一种相互的学习和借鉴，在这个过程中，教师的能力和素质将会得到创造性的提升。教师资源均衡并不必然带来教育质量的均衡，把优质教师资源转化成较高的教育质量，还取决于生活条件、工作环境、区域与学校文化等众多因素。采取多种有效激励机制，建立学科群网站，吸收与整合全国各地优秀教师所积累的资源，实现资源共建共享。

（3）促进城乡间教育一体化发展。当前国家财政大力发展农村学校远程教育和网络课堂来解决学生的信息化学习，这样不仅能使农村中小学生分享城市里最优秀教师的授课内容，还能促进城乡学校教师之间、学生之间、师生间进行相互交流学习，缩小城乡学校间的教育差距，促进城乡共同发展。当前城乡教育资源分布的过度不均衡，导致农村学生享受优质教育的机会较少，城乡师资均衡发展的重要作用就是可以把城市里最优秀的教育资源通过网络、电视、广播等方式引入农村地区，拓展、丰富和革新农村学生的学习视野、观念、模式、内容和方法等，让农村学生与城市学生享受一样的优质教育；农村教师去城市进行信息化教育进修，促进教师自身的成长，充分实现农村师生与城市师生的"学习"需要。城乡学校师资均衡发展能不断缩小城乡学生之间的教育差距，促进城乡学校教育一体化发展，也是中国教育事业在信息化背景下实现可持续发展的重要措施。

（三）教育信息化背景下城乡学校义务教育师资的均衡发展策略

教师资源是义务教育的支柱，而它的均衡配置直接决定着义务教育的均衡发展，是义务教育实现公平发展的必由之路。近年来，国家在促进教师资源均衡配置方面也采取了一些有针对性的措施：绩效工资制度、免费师范生政策、中小学教师国家级培训计划、高校毕业生到农村任教的"特岗计划"以及教师职务结构比例向农村学校倾斜，等等。教育信息化背景下，实现城乡学校义务教育师资均衡发展是教育均衡发展的当务之急。

1. 加强城乡教师的交流学习，促进农村教师教育信息化观念的转变，减小城乡教师的理念差距

在教育信息化背景下，要有效促进教育信息化建设，首要的是要转变教师的教育信息化观念。而转变观念主要依靠学校对教师的培训和理论学习，为教师提供更多的学习机会。教师教育信息化观念的转变有以下两个方面：

一方面，通过观摩教学实现教师教学思想的转变，加强教师对信息化的认识和理解。信息时代的今天，教师的主要任务是要教会学生怎样在教育信息化环境下学习。学校在信息化教育培训中，应使教师注重利用现有的教育资源创设利于培养学生信息素养的学习环境。教育信息化为教师的教学提供了更好的环境，促使教学进一步顺利开展。城乡学校间在教育信息化背景下，促进了不同的教学方式、教学模式等，因此城乡学校间教师互相进行观摩教学，促进彼此交流与学习。教师首先应从传统意义上的知识传授者转变为学习的组织者和协调者，转变教育教学观念，学习现代教育思想，树立正确的教育观、人才观，提高对现代信息化的认识，紧紧跟踪教育信息化引起的教育思想、教育模式、教育方法的重大变革。

另一方面，通过网络研修增强教师对区域和学校文化的认同。教育信息化、教育现代化已经成为国家和社会对每一位教师的基本要求。因此，我们不仅要强化教育信息化建设，更应该注重建设过程中整合各种教育教学资源，引导和帮助学生进行更有效的学习。而文化是教师发展的重要维度，是影响教师发展的深层次因素。因此，在教师发展过程中，应增进教师对区域文化底蕴的认识，增强教师对区域的服务意识与长期任教的信念，培养有扎根于区域教育精神、具备服务于区域教育能力的专业化教师。同时，学校的文化精神对师生的影响是潜移默化而长远的，因此学校应该注重校园文化的培育，增进教师对校园文化的认同感。

2. 健全科学的城乡教师管理与流动机制，保障城乡学校师资均衡发展

要尽快缩小城乡学校间的差距，促进城乡学校教育均衡发展，必须着重抓好教师队伍建设，建立科学合理的教师管理与流动机制。因此，我们应从以下几个方面来着手解决问题：

（1）应该将行政手段与经济手段相结合来管理教师，促进教师合理流动。国家和相关部门应该以经济手段为主、行政手段为辅，而且行政手段应该更加人性化，农村学校要给予更多的政策倾斜，给教师提供更多的发展机会，这样就能留住更多的教师和优秀人才，对学校的发展具有更重要的现实意义。

（2）建立定期交流与轮岗制度。在现今教育环境下，我们要进一步打破优质、劣质教师资源过度集中的状态，促进师资均衡配置，建立义务教育阶段学校的校长和教师定期的交流合作与轮岗制度。这项制度不仅能激发教师自身的教学积极性，能鼓励教师去积极地实现自身的价值，促进各个学校先进教学经验的交流，为落后的学校带去先进的教学方法和成熟的教育管理经验，充分实现各项资源整合，而且为实现本区域内部的学校之间优秀校长和优秀骨干教师的资源共享搭建平台。

（3）建立城乡教师流动的管理机制。对城乡教师流动实施统筹规划和管理，根据城乡教育发展的需要建立多元化的城乡教师流动运行机制，提供多样化的、灵活的、可供教师依据个体情况自愿选择的流动模式与时间，并辅之以不同的评价与监督机制，鼓励城乡教师之间的合理流动。国家的政策制度可推进城镇教师特别是优秀、骨干教师到农村学校支教，促进城乡教育的双向沟通和良性互动；农村学校还应加大培训经费的投入，增加教师培训机会，建立形式多元的农村教师和校长培训机制，建立城乡一体的培训课程资源库和师资库，加强城乡教师间的经验交流与分享。

（4）制定和完善义务教育阶段教师人事制度与奖励制度的具体措施，对教师在城乡之间和学校之间的交流与合作的奖励给予一定的保证。在教育信息化背景下，积极拓展教师交流与合作的有效路径，改善农村学校的薄弱环节，提高教师交流与合作的各项标准，增强教师对城乡之间以及学校之间的交流与合作的吸引力。在现行教育管理体制下，各级教育行政管理部门要加强教育信息化的检查力度。此外，我们应不断进行教育信息化评估体系的研究，逐步建立起一套完整的教育信息化评估指标体系，使我国教育信息化事业走向良性发展的轨道。

3. 加强教师信息化技术培训，提高教师的信息素养和现代教育技术教育教学能力，减小城乡学校教师能力的差距

教师的信息技术培训是提升教师信息化综合素养的重要措施。培训要对全体教师进行全员培训，使每位教师都能进行单机教学和网络教学。对于农村教师的教育信息化培训应注意：一是要通过多种方式进行教师培训，给教师提供更多的培训机会，实现按需学习，快速提高教师的信息化教学能力。二是要根据年龄和学校差异分别进行培训。教师的年龄和学校的差异使得教师对教育信息化的各方面认识和理解都不尽相同，所以要根据教师的差异进行分组模块培训，教师可依据自己的情况进行模块选择学习，可以提高教师的学习兴趣，激发教师的学习动机。三是领导要积极引导，加强教师培训，鼓励教师利用现有设施，充分应用信息化手段进行教学和科研工作。

教师的信息素养包括信息意识、信息伦理道德和信息知识与技能。在培养教师信息素养的过程中，不仅要注重教师信息化观念、思想等的转变，更要注重教师信息化教学能力的培养，两者结合才可达到良好的效果。要提高教师的个人教学能力，一方面教师可通过继续教育、在职学习和教师培训来提高自身的信息技术能力；另一方面，教师必须主动学习，积极与其他老师进行探讨交流，总结经验，运用信息技术手段增强自身的信息技术运用能力，以提高自身的现代教育技术教育教学能力。

学校是教师进行教育信息化的主要场所，因此，学校不仅应注重专业性人才的补充，为教育信息化注入新鲜的血液；学校还要鼓励教学人员充分运用现有的教育资源，探究并开展多样化模式教学；学校更要积极开展信息化技能培训工作，指导教师学习和使用信息技术，提高全体教师信息技术的整体水平，缩小城乡学校间教育信息化的差距，对学校师资均衡发展具有十分重要的现实意义。

近年来，我国义务教育阶段的师资均衡发展已不再是一个理论问题，而是一个教育事实中的实际问题。教育信息化是义务教育阶段城乡学校间实现师资均衡发展的重要手段，我们必须加强中小学教师的教育信息化教育和学校教育信息化的软硬件建设力度，从而保障义务教育在师资方面的均衡发展，为城乡学校师资的均衡发展提供科学的运行策略与实践依据。

三、云时代背景下义务教育均衡发展研究的转型

随着云时代的来临，义务教育领域正发生着前所未有的变革，云时代的科学技术将渗透到义务教育均衡发展的核心环节，对义务教育均衡的研究将产生

巨大冲击。云时代为更好地研究义务教育均衡提供了技术支持和新的思路，也提供了更为真实的数据和客观的依据。云计算的出现使得我们不得不革新研究思路，重构研究方式，重新审视对义务教育均衡的研究。

在我国，义务教育作为政府提供的基本公共服务，具有义务性、免费性和普及性的特点，确保了每一位适龄儿童享有同等受教育的权利和义务，但同时还具有的一个重要特性——统一性：能够确保每一位学生在教育上享有相对均等的机会和条件，也即我们现在所说的"教育均衡"。近些年一直不乏对教育均衡的研究，但是受到现实条件、技术水平等因素的制约，无法获取义务教育均衡发展的全数据，大多数的研究都是基于区域、县域甚至某个城市展开的，具有一定的局限性，因此研究成果的推广也受到了较大限制。云时代的来临给义务教育均衡研究带来了云计算、云存储、云安全、大数据分析以及信息挖掘技术的支持，从而促使义务教育均衡研究在思路上的由局部研究向整体研究转型，在微观对策上的由定性研究向定量研究转型，在资源配置上的静态平均化向动态需求化转型以及在教育模式上由传统的集体教育向个性化教育转型。

（一）促进义务教育均衡发展研究的新思路——云计算和大数据

随着媒体技术的快速发展和软件系统的高度智能化，教育信息化具有了前所未有的发展势头，对义务教育的发展也产生了巨大的冲击。尤其以云计算、大数据、物联网等为基础的技术给义务教育均衡研究带来了大数据获取、存储和大数据分析以及信息挖掘技术的支持，为义务教育的均衡发展研究开拓了全新的思路。

1. 云计算

云计算（Cloud computing）是基于互联网的相关服务的增加、使用和交付模式，通常涉及通过互联网来提供动态易扩展且经常是虚拟化的资源，云计算甚至可以让你体验10万亿次/秒的运算能力，拥有如此强大的计算能力可以实现模拟核爆炸、预测市场变化和教育发展趋势等。云计算的应用包括云存储、云安全、云游戏、云物联，尤其是近两年发展迅速的大数据，它与云计算的关系就像一枚硬币的正反面一样密不可分，大数据是以云计算的分布式处理、分布式数据库、云存储和虚拟化技术为依托完成对海量数据的分析处理。云计算支持下的大数据的实践意义已经不再仅限于用来描述大量的数据，还反映了处理数据的高速度，更重要的是可以帮助人们及时发现隐藏在庞大数据背后的有价值的信息。

2．云计算支持下的大数据特点

用户可以通过电脑、智能手机、ipad 等终端接入云数据中心，在使用过程中会产生海量数据。以云计算为基础的大数据的特点包括以下四个方面：

（1）Volume：数据的存储容量大，大数据的起始计量单位至少是 PB 级别甚至上升到 EB、ZB 级别及以上。

（2）Velocity：数据分析处理的速度非常快，时效性要求高。一般要在秒级时间范围内给出数据分析的结果。这个速度要求也是区别于传统数据挖掘技术的典型之处。

（3）Variety：数据的类型多。包括网络日志、视频、图片、地理位置信息，等等，多类型的数据存储对数据的处理能力提出了更高的要求。

（4）Value：数据价值密度低，商业价值高。如随着物联网的快速发展以及广泛应用，信息的感知无处不在，出现信息爆炸现象但信息价值密度较低。以监控视频为例，在连续不间断监控过程中，可能有用的数据仅仅几秒的视频，因此如何通过强大的机器算法更迅速地完成数据的价值"提纯"，是大数据时代亟待解决的难题。

（二）云时代背景下义务教育均衡发展研究的转型

以云计算技术为基础的云教育时代已经来临，云存储实现了对庞大教育数据的存储，云计算实现了对庞大数据的高速度、专业化的处理，云安全保证了数据存储和使用的安全性，大数据技术实现了庞大数据背后反映的信息真相以及完成了对有价值信息的提取。而在义务教育领域，随着教育信息化的快速发展及其运用，比如教育部推行的电子学籍，智慧校园以及三通两平台工程等教育信息化工作，产生的数据数量在迅速地膨胀并变大，能否提取数据中的有价值的信息决定了义务教育未来的发展。由此可见，云时代的先进科学技术为推进义务教育的变革、发展，尤其为义务教育的均衡发展开拓了新的研究视角，从此教育界很有可能将"重新洗牌"。

1．研究思路上的由局部研究向整体研究转型

从义务教育发展的实际情况来看，为了促进其健康快速的发展，首先应该由有效的宏观教育政策来进行引导。而政策的制定必须从义务教育实际出发，综合运用科学研究的新成果和先进的技术手段，从系统的角度出发把握教育发展的规律，在科学预测的前提下制订执行方案，以期能够获

得最佳的效果。但是，由于受到地理位置、经济条件、技术平台等客观因素的制约，研究者们经常会采用调查法等研究方法来预测教育均衡发展的轨迹。但是，云计算技术支持下义务教育的数据获取变得实时快捷，因此，在全数据模式下随机抽样的研究方式已经失去了原有的意义。

用大数据的方法考量义务教育教学的问题，可以突破以往的研究假设和研究预测，可以帮助我们更明确义务教育的发展轨迹，从而抓住促进教育均衡的关键。教育部印发的《2014 年教育信息化工作要点》指出：全面完成国家、省级教育数据中心建设和重点管理信息系统的部署，实现全国各级各类教育学生、教师、教育机构、学校资产及办学条件数据 100%入库，形成集中统一和数据共享的基础数据库。完善动态监测、决策应用、教育预测、国际比较以及数据展示和查询等主体功能模块，实现部内相关数据资源的整合与集成、教育与经济社会数据的关联与分析，为教育决策提供及时和准确的数据支持，指导推动省级决策支持系统的建设和应用，推动教育基础数据在全国的共享。因此，在此基础数据库的义务教育数据云计算和大数据的支持下对义务教育均衡的研究应该一改传统局部抽样研究的形式，展开整体综合研究。在义务教育发展过程中，PC、智能手机、平板电脑等，无一不是义务教育大数据获取的来源或承载的方式。大数据技术可以通过对教育教学整体自然产生的这些数据进行分析，挖掘出在教师教学、学生学习过程中真实有价值的信息，同时通过对整个教育活动运行情况的监测，教育主管部门可以及时发现问题并切合教育系统的实际情况有的放矢地制定、修改和执行宏观的教育政策，从而更好地把握义务教育均衡发展的现状和动态，从而对义务教育系统的均衡研究进行引导和调控。

2. 微观对策上的由定性研究向定量研究转型

定性研究运用历史回顾、文献分析、访问、观察、参与经验等方法获得处于自然情境中的资料，并用非量化的手段对其进行分析、获得研究结论，更强调意义、经验（通常是口头描述）、描述等。通过分析以往对义务教育均衡研究的情况，我们发现研究者主要采用的研究方法是定性研究，在提出促进义务教育均衡发展的对策时常常会通过对他人研究经验的分析和对自己经验的总结的方式，凭自己的主观臆断认为哪些要素对义务均衡发展是重要的、哪些方法和技术平台对促进义务教育均衡是有效的，但是我们也发现有时有些经验并不是科学合理的，经验有时会超出现实的条件从而误导了研究者的判断和决策。

云时代的教育不再是依靠理念和经验传承的社会科学学科，而教育决策也将相应地转变为实证科学中的一个具体问题。2014 年 3 月教育部印发的《2014 年教育信息化工作要点》指出，教育信息化工作的核心目标是：建设完善一批支持各级教育行政部门和各级各类学校日常管理、决策和公共服务的信息系统，实现学生、教师、办学条件等主要管理信息系统的应用与服务。在这个系统支持下可以实时动态地提供义务教育均衡发展的数据，当研究者通过大数据技术从这些庞大的真实数据中挖掘出来的有价值信息时，自然会避免主观臆断的发生，比如在教学活动开展过程中，会根据数据分析发现的新问题随时进行调整，新的教学模式、教学方法会随时被概括出来；在学生利用信息技术展开自主学习过程中会根据学生学习的实时数据的分析随时提供学生最需要的新知识，这样学生所学习的知识更具有前瞻性，同时学生会很自然地在学习中掌握最新的前沿知识。在这庞大的真实数据支持下，通过定量研究的方法去整理、分析、综合，可以帮助研究者评估义务教育均衡发展的过程，从而发现问题、提出解决问题的科学对策，以此对促进义务教育的均衡做出更有价值的判断和决策。

3. 资源配置上的静态平均化向动态需求化转型

我们国家义务教育阶段早已实现了人人有学上的愿望，而现阶段的任务就是要使得人人上好学，因此教育资源的建设和应用就成为了其均衡发展至关重要的一环。所谓资源"均衡"，也就是达到一种稳定的状态，其中一个意义就是能够满足不同地区、不同人群的需要。在义务教育均衡以往的研究中，为了促进资源的均衡，对教育资源采取的方法大多是静态平均化配置的方法，以为这样就可以大范围地实现优质资源的覆盖应用，但是事实并非如此。在一些欠发达地区以及落后的农村、山村地带，由于受到经济、技术、媒体等条件的限制，很多被分配的资源都闲置了，造成了资源浪费；而对于条件好的地区和学校来说，配置的这些资源又是远远不够的，还需要自己开发一部分资源，造成了资源匮乏。归根结底，导致这种现象出现的原因就是这种静态平均化的资源配置方式没有考虑到学校和学生的实际情况。

教育部印发的《2014 年教育信息化工作要点》之教育信息化重点工作指出：全面推进基础教育数字教育资源开发与应用，鼓励企业以符合新课标的义务教育阶段教材为重点，系统开发配套的基础性数字教育资源，逐步实现基础性数字教育资源的全覆盖，形成基础性数字教育资源持续开发应用的新机制。结合目前基础教育信息化"三通两平台"之教育资源公共服务平台建设和应用，作为重要的资源载体，它实际上是一个云服务体系，利用云计算模式可以最大限度实现软硬件资源的集约共享，降低学校信息化成本和建设难度；推动资源建设与使用良性互动，提高应用水平。在云时代，云存储可以完成教育资源海量存储和管理，云物联将多元化的教育资源形成的信息孤岛连成了信息海洋，教师和学生可以根据实际需求下载使用，也可以对资源内容进行随时更新，还可以参与资源的创建、平台的建设、评价服务等交互式工作。大数据会根据学生在该教育资源公共服务平台上留下的操作"痕迹"以动态地掌握其对各种学习资源的需求，也会根据人们对资源的点击、下载、运用情况对"优质资源"进行客观分析和重新定义。由此可见，在云时代，优质资源的获取和利用变得简单，既节省了传统配置发放资源的费用，还可以有效避免资源重复建设和优质资源的浪费，使优质资源得到最大程度的共享和利用。

4. 教育模式上由传统的集体教育向个性化教育转型

在义务教育领域，虽然提倡因材施教，但由于受到学生的数量、教师的精力、升学压力等因素的制约，通常采用集体教育模式，在教师的监控、教师的授导下有计划、有秩序地实施教学活动，但是这种教学模式因为过分沾染了教师对知识理解和加工的成分，因此在一定程度上扼杀了学生的想象力和创造力。新技术出现改变了信息和知识的传播模式，义务教育的模式也应发生相应的转变。

云时代义务教育的教育模式应该从集体教育转向个性化教育，满足不同学习者的成长需求，真正体现均衡教育的目的。个性化教育为受教育者量身定制教育目标、教育计划、教育培训方法、辅导方案并加以执行，组织相关专业人员为受教育者提供学习管理策略和知识管理技术以及整合有效的教育资源，帮助受教育者突破生存限制，实现自我成长、自我实现和自我超越。在这场义务教育革命的浪潮中，学生的数字化学习由数字化支撑转变为数据的支撑，在学习过程中通过云计算技术不但可以记录每一个学习者操作鼠标的频率、学习者学习活动的轨迹、参与团体活动以及参与交流互动情况等学习行为的数据，大数据还可以针对不同学习者的知识基础水平、学习能力水平、学习需求、生活背景、兴趣爱好等个性特点，及时进行数据分析和信息挖掘，从而为每一个学生提供个性化的学习方式和学习内容，为每一个学生提供发展其优势潜能的机会。

随着近年义务教育领域信息化的普及以及众多数字信息系统的建设和应用，产生了大量与教育决策、教育实践以及学习实践相关的过程数据，在云时代，如何有效地存储、整理、分析这些海量数据，提取大数据背后有价值的信息和知识，从而顺应技术发展的潮流，遵循义务教育发展的规律，服务义务教育均衡,促进义务教育公平,优化义务教育发展等都已成为教育研究者们所关注的重要内容。相信随着科学技术的快速发展,云时代的研究理念和科学技术的深度应用必将对义务教育均衡研究产生革命性的影响。

第二节 自适应学习系统中领域模型的构建

21 世纪是知识经济的时代,是一个充满机会与挑战的时代,国家之间综合国力和社会地位的竞争取决于教育的发展、科技的进步,知识占据了越来越重要的地位。网络教育也随之进入了前所未有的大发展时期,尤其随着新媒体新技术以及智能终端的普及应用,学习者学习的时间和空间越来越不受限制,但是目前的网络课程基本上还是千人一面的固定模式,即把现有的学习资源按照一定的顺序摆放在网络上供学习者学习,学习者进入网络课程之后只能按部就班地对知识进行接收,不能够根据自己的知识水平有效地展开学习。由此可见,传统静态的网络课程设计方式不能很好地满足人们的个性化学习的要求,所以我们需要进行教育教学内容设计思想的转变,从总体上优化课程组织结构,精炼教学内容,使得学习者能够学到自己真正需要的知识内容。构建自适应学习系统中的领域模型是解决学生需求的个性化和教学资源的静态化这一矛盾的有效方案。

一、自适应学习系统简介

(一)自适应学习

自适应学习是一种主动学习,在"以学习者为主体"的思想指导下,学习者可以自主监控自己的学习过程,根据自己的实际需求,自主选择最适合自己的学习内容和学习策略。在自适应学习条件下,学习不是一个被动地接受知识的过程,而是主动发现知识的过程。自适应学习一般发生在远距离学习环境中,指学习者通过自身原有知识经验与远距离学习系统进行交互活动来获取知识、获得能力的过程,在这个过程中,学生能够自我组织、制订并执行学习计划,并能控制整个学习过程,对学习进行自我评估。

基于 Web 的智能适应性教学系统中的技术可分为三类:

(1) ITS 技术在 Web-based 教育系统中的运用:课程序列化(Curriculum sequencing)、问题求解(Problem solving support technologies)。

（2）适应性超媒体技术在 Web-based 教育系统中的运用：适应性呈现（Adaptive presentation）和适应性导航支持（Adaptivenavigation support）。

（3）Web 环境所引发的一些新的技术（Web-inspired technologies）在教学系统中的运用，这些技术在非 Internet 环境不具备实现的条件。例如，学生模型匹配技术（Student model matching），这种技术其实质是在网络环境下，许多人同时参与学习，系统可以分析同时在线的用户的状态，从而能够实现适应性对等帮助和智能的课程监控。

主流的适应性学习模式可以用图 4-1 来表示，它的关键环节是：学习诊断、学习内容的动态组织和学习策略。

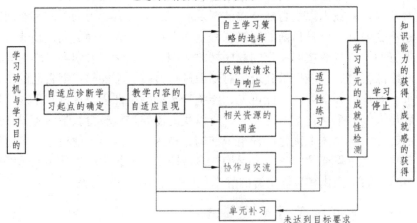

图4-1 适应性学习模式

（二）自适应学习系统的定义和特点

在自适应学习条件下，学习不是一个被动地接受知识的过程，而是主动发现知识的过程。我们知道在学习过程中，个体具有各种各样的差异性，不仅表现在个人的能力、背景、学习风格、学习目标等，另外即使是个体本身，在学习过程中，知识状态也在不断变化。自适应学习系统作为一种学习支持平台，在一定程度上实现了以学习者为主体，它的突出特征是提供适合学习者个别需求的学习内容与学习环境的支持，它客观要求将教学辅助模块、学习环境支持、学习等自然地融合在一起，学习者可以实现自我组织、制订并执行学习计划并能控制整个学习过程，还可以对学习进行自我评估，使学习变得自主。由此可见，自适应学习系统的设计和制作对实现自适应学习有着至关重要的影响，在自适应学习系统的支持下，学习是通过自身原有知识经验与适应性学习系统进行交互活动来进行学习的过程。自适应学习系统充分地考虑到教学行为的个人化与学习行为的个性化特征，打破了传统学习群体的结构，把学习者作为一个个体，置于一个更为个人化的情景之中。自适应学习系统包括学生模型、领域模型和教学策略三大主要组成模块，其中领域模型是领域知识的教学结构，它包含要教的所有知识以及与新知识有关的习题、试题、资料等内容，因此教学领域模型的构建是自适应学习系统中的重要部分。

自适应学习系统的特点主要有以下几点：

（1）适应性。学习者通过与系统交互，系统根据不同学习者的个性特征、本学科的知识基础、学习准备和学习内容的交互状况等，自动给学习者提供最适合学习者学习的知识。

（2）自主性。系统提供给学习者要进行学习的内容之后，学习者可以按照自己学习的风格选择相应的学习策略、学习的进程以及探索知识空间的路径等，充分体现了学习者的主体参与性。

（3）资源建构性。自适应学习系统说到底是为了让学习者掌握本学科的知识体系，所以它的核心就是教学资源的全面融合，教学资源（包括文本、图像、声音、视频、CAI 软件等）可以适应各种学习者的需要和背景而进行不同的选择，也就是教学内容的组织和呈现与学习者的特征相适应；整个学习的过程是在领域知识空间中探索及与他人协同学习的过程。

社会的信息化步伐加快，终身学习成为每个人的必备素质，如何有效地提高学习的效率成为了教育人员工作的重中之重。适应性学习系统作为远程学习系统的发展趋势得到了人们的广泛关注，语义网克服了传统网络无法理解语言逻辑意义的缺点，基于语义网构建出的适应性学习系统给人们的学习提供了非常有效的支持工具。

二、领域模型及其理论基础

（一）领域模型简介

1. 定义

在教学系统中，系统教学是否有效有两个关键：第一，系统有自己的学科领域知识；第二，系统用什么理论以及如何进行教学。领域模型是领域知识的结构化，是关于领域知识的知识，因此领域模型是自适应学习系统的核心。领域模型是领域知识的教学结构，定义一个领域意味着确定它的实体及实体间存在的关系。前者描述与要详细说明的主题相关的对象的特性，任何两个实体各自的属性不同，后者保存这些对象间的关系。

在教学领域中，领域知识是学生要学习的知识，包括概念、理论、例题、习题等知识。这些知识按照某种顺序排列，就形成了教学单元。应用领域模型可给学生呈现领域知识（如例子或问题）来解答问题和解释答案、给予暗示和动态评估学习者的答案。建立领域模型要求领域模型有良好的知识结构体系，以便于学生建构学科知识的认知体系。领域模型的构建包括了对知识点库、例题库、练习/试题库、媒体素材库、资料库等的构建。

2. 基本结构

我们知道在通常情况下，领域知识包括概念、例题、习题、资料等，因此由领域知识构成的领域模型必然包含 0 或多个领域元素（领域元素是用于表示要教的知识实体），而领域元素由领域主题、实体关系和要完成的任务组成。根据它们之间的逻辑关系，我们给出领域模型的一般结构（见图 4-2）。

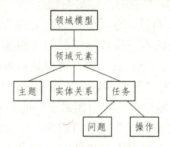

图 4-2　领域模型的一般结构

（1）主题：领域的实体以主题的形式表示，对于不同的系统，主题的粒度不同，有的以教学单元划分，有的以知识点划分，在此我们考虑两类实体：教学单元和知识点。知识点是具体的教学内容，包括基本概念、基本原理、基本方法、基本过程等。教学单元具有完整的教学内容，一个教学单元通常由若干知识点组成。教学领域由教学主题按照一定的组织形式组成一个领域。

（2）实体关系：实体关系是指教学主题间的关系，在领域主题建立的时候定义。上述实体存在三类关系：知识点间的语义关系，包括 ISA，AKO，PARTOF，HASA，这种语义关系也称为概念层次关系；教学单元间的逻辑层次关系，包括构成关系、前期关系、后续关系、使用关系等；知识点与教学单元之间的构成关系。

（3）任务：学生在学习过程中或学习结束后，系统会要求学生完成一些任务，根据学生的反馈，系统可以评价学生对知识的掌握程度。这些任务可以包括习题、实际操作以及论述题，等等，习题可以是选择题、填空题、判断题和改错题，实际操作题根据学科领域来确定其形式，如网页制作课程中，我们可以让学习者根据要求制作个人网站，等等。

根据以上方法建立的领域，有良好的语义结构和教学逻辑结构，这样的领域模型可以帮助学习者建构自己的学科知识体系。

（二）构建领域模型的理论基础

1. 系统科学理论

系统科学理论是研究一切系统的模式、原理和规律的科学，主要包括系统论、信息论和控制论。系统论是以系统整体性为总的出发点，分析系统、要素和环境及其相互关系的科学，它注重结构与功能，并且将对象作为不可分割的系统，以探讨系统的整体性规律为目的。系统科学的最基本原理有：反馈原理、有序原理和整体性原理。信息论是系统科学的技术基础学科，是一门应用数理统计方法来研究信息处理和传递的科学。控制论主要通过分析信息－反馈－控制－目的的行为，揭示了机器、生物和人所遵从的共同规律。

系统科学已经被认为是现代信息社会的基础学科之一，它对自适应学习系统中领域模型的设计具有直接的指导意义。领域模型包含的学科知识是一个大而复杂的系统，它的设计必须遵循知识的整体性、动态性和有序性等原则，以求得整体性效果，所以需要用系统科学理论做指导理论。

2. 人本主义学习理论

人本主义学习理论是 20 世纪 50、60 年代在美国兴起的一种心理学学派，其主要代表人物是马斯洛（A.Maslow）和罗杰斯（C.R.Rogers）。它以人的整体性研究为基础，强调人的尊严和价值，重视学习过程中人的因素，提出学习者是学习主体的思想，认为学习者是一个有目的、能够选择和塑造自己行为并从中得到满足的人，他们各有其求知向上的潜在能力。在人本主义看来，人的成长源于个体自我实现的需要，自我实现是促使人生长和发展的最大驱动力。在学习过程中，只要视学习者为活动的主体，为他们创设一个良好的学习环境，他们就会学到所需要的一切。它主要有三个特点：自主性，即学习是个人主动发起的（不是被动地等待刺激），学习者内在的思维和情感活动极为重要；全面性，即个人对学习的整体投入不仅涉及认知方面，还涉及情感、行为、个性等方面；渗透性，即学习不单是对认知领域产生影响，而且对行为、态度、情感等多方面发生作用。

因此，根据人本主义学习理论，学习者是整个学习活动过程中的主体，他们可以按照自己的个性特征和兴趣爱好选择合适的学习内容和学习方式。自适应学习系统的领域模型为学习者提供了丰富的学习资源和选择学习内容、学习环境、学习路径等的机会。系统也会根据学习者的知识水平和学习需要以及与学习内容的交互情况，呈现最适宜的学习内容，提供最佳的指导方案。学习者也可以随时随地根据学习结果，评价自己达到的水平，找出差距，加强薄弱环节的继续学习，巩固已知内容，真正地发展和完善自我。

3. 认知灵活性理论

认知灵活性理论（Cognitive Flexibility Theory）是由斯皮罗等人提出并倡导的一个学习理论。所谓认知灵活性，是指以多种方式同时重构自己的知识，以便对发生根本变化的情景领域做出适宜的反应。认知灵活性理论有两个基本原理：一是只有在显示多元事实时才能以最佳方式对结构不良领域的现象进行思考。该理论的中心问题是多元认知表征，即要求从多于一个观点的角度检查某一概念，这既能增强对该概念的自身理解，同时也能增强将这一理解迁移至其他领域的能力，同样，从同一观点检查不同概念也能导致一种新的认识。其原理之二是概念与案例之间的交叉是多维的、非线性的。有理由、有根据的正确理解会因背景的不同而存有差异，也就是说，在解决问题的过程中，往往存在着不止一个正确答案，通过多种方式解决问题，可以加深对问题的理解。认知灵活性理论接受了建构主义的基本观点：学习是学习者主动建构内部心理表征的过程，但它与极端建构主义相比采取的是较为折中的观点。它既反对传统教学机械地对知识做预先限定（Prespecification），让学生被动地接受；同时也反对极端建构主义只强调学习中的非结构的一面，忽视概念的重要性。根据认知灵活性理论在自适应学习系统中对学习内容以多种方式进行教学和智力上的表征，让学习者以多种方式加以利用和学习，只有让学习者从多种观点的角度接近概念并构建知识表征时，才有可能使其真正地掌握复杂概念。

从认知灵活性理论的特点可知，在学习者的自主学习过程中应给学习者构造一个非线性的网状学习环境，可以使学习者灵活地在各个知识节点上自由浏览以补充自己没有掌握或掌握不牢固的知识。因此，在构建领域模型的时候，要注意认真分析概念之间的内在联系以加强学习资源的有效组织，也要注意真实学习情境的设计，让学习者从做中学，从而更好地促进学习、巩固学习。

4. 多元智能理论

1983 年，哈佛大学教授、当代著名心理学家和教育家霍德华·加德纳在《智能的结构》一书中，提出了一个全新的概念——多元智能理论（multipleintelligences）。多元智能理论认为人类思维和认识的方式是多元的，以组合的方式进行的。每个正常人都在一定程度上拥有多项技能，并都有各自的智能强项和弱项。智能之间的不同组合表现出个体间的智能差异，教学如果考虑这些差异，考虑学生的个人强项而不是否定或忽视这些强项，并以最大程度的个别化方式来进行，教育就会产生最大的功效。在多元智能理论看来，不同的智力领域都有自己独特的发展过程和所依托的不同符号系统，因而不同的教学内容需要不同的教学技术，以适应不同的智力特点。即使是相同的教学内容，针对每个学生不同的智力特点、学习风格和发展方向，选择和创设丰富多样的、适应性的、有广泛选择性的教学技术，与学生的优势智能倾向和喜好的学习与发展偏向耦合起来，从而有效地促进学生发展。因此，多元智能理论的核心，不论是理论上还是实践上来说都在于尊重人的个性差异，它所倡导的是一种个性化的、因材施教的教学观。

因此，根据多元智能理论，在构建领域模型的过程中我们首先要认识到学习者客观存在着差异性，根据学习者的学习需要和知识水平状况呈现适合学习者学习的知识内容。还要根据教学内容的特点选择合适的呈现方式，从多种智能的角度将设计目标、材料、练习、测试、方式方法等有机融合在一起，使每个学习者都可以选择适合其智能结构和特点的方式有效地进行学习。

（三）领域模型的设计原则

（1）系统化。完整的领域模型中包含的是整个的学科知识体系，概念和概念、命题与命题之间的关系非常复杂，这就需要构建者在准备阶段就将其中的基本关系理顺，使所包含的基本元素尽可能地完整、有序。虽然在我们研究的起步阶段仅仅构建的是领域模型的部分学科知识，但是我们也会遵循知识体系的系统化原则尽可能地保持所涉及知识的完整性和有序性。

（2）形式表现多样化。Internet 高速发展使网络课程的多媒体传输成为可能，为提高学习者的学习兴趣，应根据学习需要提供图文声像并茂的教学内容。教学内容中提供相关的学习参考资料和网址，以便让学习者对于同一知识内容可以从不同角度的解释和描述中进行交叉思考，提高自己分析问题和解决问题的能力。

（3）开放性。随着现代远程教育的快速发展，对于开发学习支持系统的标准化和开放性有了更严格的标准。设计中采用的技术尽可能标准化，具有良好的开放性，并遵循国际上通行的通信协议，以便于日后随时更新领域知识体系。

三、自适应学习系统中领域模型的构建

自适应学习系统充分地考虑到教学行为的个人化与学习行为的个性化特征，打破了传统学习群体的结构，把学习者作为一个个体，置于一个更为个人化的情景之中。领域模型是领域知识的教学结构，它包含要教的所有知识以及与新知识有关的习题、试题、资料等内容，因此教学领域模型的构建是构建自适应学习系统中的重要部分。

（一）技术基础

在信息中加入语义，使得在 Web 世界中流动的不再是单纯的数据流而是机器可理解的语义信息。利用这些语义，信息之间的交换就可以建立在语义的层面而非文字的层面，从而可以使机器精确地理解、采集和组合信息。

1. 语义网

所谓"语义"，就是文本的含义，语义 Web 就是能够根据语义进行判断的网络。它旨在使 Web 上的文本信息具有计算机系统可以理解的语义。因此，简单地说，语义 Web 是一种能理解人类语言的智能网络，它不但能够理解人类的语言，而且还可以使人与电脑之间的交流变得像人与人之间交流一样轻松。语义 Web 是下一代互联网的发展方向，其实质就是增强网络资源内容和功能的语义表示，以满足分布式主流计算环境语义互操作的需要，使软件 Agent 对 www 上异构和分布信息进行智能的、有效的访问和检索。其研究的重点就是如何把信息表示为计算机能够理解和处理的形式，即带有语义。为了实现语义 Web 信息服务的智能化与自动化的目标，Tim Berners-Lee 给出了语义网中的层次关系——基于 XML和 RDF/RDFS，并在此之上构建本体和逻辑推理规则，以完成基于语义的知识表示和推理，从而能够为计算机所理解和处理。

2. XML 语言

XML 是一种允许自定义标记的通用、结构化描述语言，用来制定隐藏的标记，并将其作为标注放置在网页中，以便引导计算机程序处理网页内容，其内容包括 XML 声明、用以定义语言语法的 DTD（Document Type Declaration

文档类型定义)、描述标记的详细说明以及文档本身，而文档本身又包含有标记和内容。其中元数据管理、语义透明性和自主主体都是 XML 所独有的概念。

3. 本体（Ontology）

语义信息的交流必须以共同的理解为前提，否则双方就会发生误解或不理解。Ontology 是一种用以描述语义的、概念化的显式说明。它通过定义属性并建立一个分类层次结构，将不同的概念区分和组织起来，同时也通过属性将概念相互联系起来，从而建立起概念的语义空间，亦即对某一个领域内事物的共同理解。在语义 Web 的交流/通信中，Ontology 担当着语义沟通的重要角色，是其实现的关键技术之一。本体（Ontology）是个很复杂、很抽象的概念，最著名并被引用得最为广泛的定义由 Gruber 提出，"本体是概念模型的明确的规范说明"。从内涵上来看，Ontology 是某个领域内不同主体（人、机器、软件系统等）之间进行交流（对话、互操作、共享等）的一种语义基础，即由 Ontology 提供一种明确定义的共识，使用本体（Ontology）将页面上的信息关联到相关的知识结构和推理规则。它的目标是确定该领域内共同认可的词汇，提供对该领域知识的共同理解，并从不同层次的形式化模式上给出这些词汇（术语）和词汇之间相互关系的明确定义，是语义网中语义层次上信息共享和交换的基础。

本体的最终目标是精确地表示那些隐含（或不明确的）信息。把本体当作构建知识的一种方式或者当作知识库的一部分，其功能主要有：①实现知识共享。本体的核心概念是知识共享。通过减少概念和术语上的歧义，标准化的本体库，能使得领域专家对本领域的信息进行共享和注释，如在医学上已经产生了的标准结构化的词汇表 SNOMED 和 UMLS 系统的语义网。②知识获取。在建立一个基于知识的系统时，使用已有的本体论作为指导知识获取的基础将能有效地提高系统的建立速度和可靠性。③系统互操作。本体描述提供了一个统一框架或是规范模型，因此界定的概念命题等可以被其他系统引用，使有不同知识背景、持不同观点和目的的人员之间的理解和交流成为可能，并保持语义上的一致性。

（二）领域模型的设计策略

1. 知识库的设计

领域模型是领域知识的教学结构，它包含要教的知识教学单元的逻辑结构和知识点的语义关系结构。领域建模的目的就是要揭示出课程教学中的各种元素及其相互之间的关系，即课程中的知识（事实和规则），并且用形式化的方法描述和表示出来，领域建模其实质是领域知识库的建立过程。其中教学系统的课程、章、节都是由知识点组合成的，而练习/测试、素材也是通过与知识点建立联系而存在，为学习者巩固掌握的知识点而服务。由此可见，知识点作为最基本的教学元素是我们建立领域模型的主要研究对象。领域知识存储在数据库中，包括教学单元和知识点的属性及它们之间的关系，我们要对领域知识的相关关键词进行设置。领域知识库的关键词设置见图 4-3。

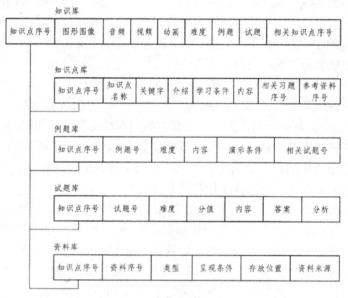

图 4-3 领域知识库关键词

我们首先要确定所研究的领域和范围，然后要通过以下程序对知识点进行充分的分析：

（1）明晰学科知识点。分析学科知识，列出其中包含的知识点，主要是指列举出领域中重要的术语、概念。在创建知识库的初始阶段，从不同的实现角度对领域知识的分解，包括知识分解的粒度、各元素的内涵与外延都会有所不同。一般地，关于教学系统的知识元素，一般包括：课程，通常指具有完整的知识体系的学习对象；章，比课程稍小的学习对象，其包含的内容关联密切，一般代表了课程内的子目标，是一个相对完整的教学单位。通常一章中，也会有导引、总结、练习等内容，一章通常由若干节组成；节（Section）是比章小的学习对象，往往针对某个较小的具体教学目标，通常由一个或几个密切联系的知识点组成；知识点（Knowledge Item/Concept），通常指最小的知识逻辑单元。总之，我们要尽可能列举出系统想要陈述的或要向用户解释的所有概念。

（2）知识点之间的关系分析；对列出的知识点进行物理关系和逻辑关系的分析与总结。上一步骤中已经产生了大量领域中的概念，但却是一张毫无组织结构的词汇表，对其中的每一个概念的重要性要进行评估，选出关键性术语，尽可能准确而精简地表达出领域的知识，形成一个领域知识的框架体系。在创建的概念中，很大一部分属于类，而对类的层次的定义有 3 种方法：自上向下法：先定义领域中综合的、概括性的概念，然后逐步细化、说明；自下向上法：先定义具体的、特殊的概念，然后对这些概念泛化成综合性的概念；混合法：混合使用自上向下法与自下向上法。先建立那些显而易见的概念，然后分别向上与向下进行泛化与细化。对于这三种方法的运用，取决于开发人员对领域认识的角度。知识的内在逻辑关系是指在教学过程中，各知识元素间的如前提、相反等关系，这种逻辑关系反映了教学控制的手段。通常我们考虑的逻辑关系包括：构成关系、前期关系、后续关系、相反关系、例示关系、扩展关系、例外关系。构成关系和前提关系还可设置一个权值。在构成关系中，权值代表各组成部分的顺序关系，在学习时，根据这种顺序关系，可以达到更好的学习效果。在前提关系中，设置的权值，代表学生从上一主题进入下一主题学习时，学习前一主题应达到的学习成绩。在扩展关系中，通常要求学生的知识水平达到一定程度（如初级、中级或高级）。比如我们在学习乘法之前，必须已经掌握了加法的原理，对领域知识进行有序安排。

（3）知识点属性分析。针对概念集合中每个概念定义属性，确定属性取值的类型以及属性约束。任何一个概念的所有子概念会继承它的属性。该步骤和上一步骤是密不可分、相互交织的，两者必须同时进行，成为了领域模型构建过程中最为重要的两个步骤。仅仅通过类是不足以确切地描述一个领域。因此，在上面定义好了类，就要描述这个类的内部结构。已经从创建的概念中选择了类，大部分剩下的概念可能成为这些类的属性，确定属性是用来描述类。常见的简单属性类型包括：Boolean（布尔），Date（日期），Number（数字）、String（字符串）或 Text（文本）、Time（时间）等类型。其他常见的类型包括：Address（地址）、Color（颜色）、Geometries（几何元素，如 Point、Rec-tangle等）、Phone Number（电话号码）等。

（4）公理的描述。对上面的分析进行描述，选用合适的本体描述语言对建立的领域本体进行编码、形式化。在图形化的用户界面下对本体进行构建，然后自动生成 OWL 语言的描述。主要包括类的公理、个体描述公理、属性的公理、属性间的公理。

（5）领域知识的语义结构图。本体的构建和完善是一个反复叠加的过程，不可能一次完成，需要我们在构建的过程中不断地对领域本体进行维护和完善。在我们用本体编辑工具对收集好的概念进行定义之后，将最后形成一个领域知识的语义结构图，从中我们会很容易看出概念和概念之间的层次关系和逻辑关系。

2. 构建例题库、练习/试题库

在对领域知识进行了详细分析之后，就要根据知识点涉及的范围搜集与知识点相关的所有例题、习题、试题，并对它们进行分类，与知识点建立物理关系或者逻辑关系。分析完成之后，我们将根据要求建立与知识点相应的例题库、练习库和试题库。

对于例题库，我们要设置其难度和演示的条件，让学习者在掌握了一定的知识之后再来理解给出的例题。

我们知道练习/测试，是检验和评价学习效果的一种手段，也是用户与系统交互的重要途径，系统通过练习手段，获取用户的知识状态，并针对性给予反馈信息。为达到某种效果，练习/测试的发布通常需要采用一定的策略，按照练习/测试目的的不同分为：入口测试、获得用户的初试信息，比如前提知识基础、个人学习偏好与背景、学习风格等；阶段性测试或者称为形成性测试，在计算机支持的学习环境中，形成性测试受到特别的重视，它具有多方面的作用和价值。比如自我评价、迁移/运用、获得反馈、激发学习动机。在远程学习环境中，阶段性测试还是形成学习文件夹、进行过程性评价、实施学习过程监控的重要手段。还有总结性测试三种类型，我们要根据不同的目的构建相应的习题库，专门设置测试题的难度和分值作为区分。

3. 构建媒体素材库、资料库

素材、资料，通常也是教学内容中的基本元素，对应最小粒度的学习对象，比如文本、图片、动画、一段声音、视频等。所以我们还要搜集与选定知识有关的媒体素材和资料，包括文字、图形图像、视频资料以及学习网站的链接，等等，对媒体素材和资料进行分类，通过属性定义与知识点建立联系，这样建立的数据库就能方便学习者在学习过程中查找到自己所需要的资源，通过浏览和学习与知识点有关的资源，拓展自己的知识面，也在一定程度上巩固了学习的知识。在库中我们要对媒体、素材和资料的类型以及存放位置等相关信息进行详细的记录。

另外，在运用了标准进行对领域模型的构建之后，其他的学习系统也可以通过智能搜索查阅本系统中已经定义好的领域知识，这样便实现了真正意义上所谓的知识共享。

当今社会，终身学习成为每个人的必备素质，如何有效地提高学习的效率成为了教育人员工作的重中之重。自适应学习系统作为远程学习系统的发展趋势得到了人们的广泛关注，目前的研究只是处于刚刚起步的状态，是自适应学习系统的一个新的开端。在今后的研究实践中，我们需要用技术将策略很好地融合到系统的构建中，逐步完善对基于语义网的自适应学习系统的构建。

第五章　教育信息化的资源

第一节　教育信息化资源概述

一、教学资源概述

教学资源可以理解为一切可以用于教育、教学的物质条件、自然条件。在教学资源构成的大环境下，学生的学习需求在教师的指导下，可以主动地利用资源来满足。在传统的课堂教学形式中，教师、教材是最主要的学习资源，而在信息化教学中学习资源的来源更广泛。

AECT '77 教育技术定义曾经把教学资源分为两大类：设计的资源和利用的资源。这种划分在今天仍不乏指导意义。设计的资源，是指为教学目的专门预备的资源。利用的资源，是指那些本来并非为教学专门设计，但被发现可为教学目的服务的资源。

无论是设计的资源还是利用的资源，它们都可被用来作为教学系统的组成部分。AECT ' 77 定义给出的资源定义与例子见表 5-1。

表 5-1　作为教学系统成分的资源（据 AECT'77 定义）

资源（教学系统成分）	定义	例子
信息（Message）	其他成分传递的信息，取事实、概念、解释、数据等形式	任何科目的内容，如欧姆定律、数学公式、语文题材、历史事件等
人员（People）	能够起存储、传送信息作用的人物	教师、同学、特邀专家和演讲者等
材料（Material）	录存可供设备传输和显示信息的物件（传统上称为媒体或软件），有时其本身也能显示	透明投影片、幻灯片、电影胶带、录像带、录音带、程序式教材、计算机辅助教学程序、课本、报刊等
设备（Device）	用于传送录存于材料上的信息的物件（传统上称为硬件）	投影仪、幻灯机、电影放映机、录像机、录音机、电视机、收音机、教学机、计算机输出设备等
技法（Technique）	为了利用材料、设备、设施及人员来传送信息的例规过程或预定模板	计算机辅助教学、程序教学、模拟、游戏、发现、调查、考察、小组教学、个别化指导、合作学习、讲授、讨论等
设施（Setting）	接收信息的环境	物理的：校舍、教材中心、图书馆、演播厅、教室、报告厅等
		环境的：灯光、音响、空调等

AECT ' 94 定义对教学资源的界定有所修改，主要包括教学材料、教学环境及教学后援系统。可见，资源的概念范畴已被大大缩小，一方面是因为 AECT ' 94 定义将本学科的名称由原来的教育技术改为教学技术，研究范围也相应地缩小了；另一方面是将有些成分归到教学过程中去考虑，例如教学人员被作为学习过程的要素。

二、信息化教育资源概述

（一）信息化资源

信息化资源是伴随着互联网的诞生而出现的，具体来说，是指经过数字化处理，可以在多媒体计算机上或网络上运行的多媒体材料。它能够促使学生通过自主、合作、创造的方式来寻找和处理信息，从而使数字化学习成为可能。信息化资源包括数字视频、数字音频、多媒体软件、只读光盘（CD-ROM）、网站、电子邮件、在线学习管理系统、计算机模拟、在线讨论、数据文件、数据库等。

（二）信息化教育资源

信息化教育资源包括多媒体课件、网络课件、专题学习网站、数字音像教材等。信息化教育资源是随着以计算机多媒体技术、网络通信技术为核心的信息技术在教育教学领域的普及应用而出现的。信息化教育资源是数字化学习的关键，它可以通过教师开发、学生创作、市场购买、网络下载等方式获取。信息化教育资源具有切合实际、即时可信、可用于多层次探究、可操纵处理、富有创造性等特点。

三、信息化教育资源的特性

信息化教育资源是指经过数字化处理，可以在多媒体计算机上或网络环境下运行，可以实现共享的多媒体学习材料，它具有多样性、共享性、工具性和扩展性。

（1）多样性：信息化教育资源通常是多种媒体的组合，各种视觉媒体、听觉媒体被综合应用于学习环境中，可以适应不同层次学习者的需求。

（2）共享性：利用网络通信技术，学生和教师可以获取世界范围内的优秀教学资源，通过整合、加工，运用到学习和教学中。

（3）工具性：信息化教育资源可以提供通信交流、知识重构的平台，成为学习者学习新知识、完成意义建构的认知工具。

（4）扩展性：学生和教师可以在原有教学资源的基础上进行补充、扩展，以适应不同环境的学习和教学的需要。

信息化学习不仅仅是适用于教科书的学习，它还适用于各种形式的多媒体电子读物等，信息化学习具有多媒体、超文本、友好交互、虚拟仿真、远程共享等特点。

四、信息化教育资源的地位与作用

教学资源是教学工作的基础。在信息化教学系统中，信息化教育资源更是处于关键地位。教师的教学离不开信息化教育资源，学生的学习也离不开信息化教育资源。特别是互联网上的学习资源，为我们的学习和教育带来了根本性的变革。

（1）信息化教育资源在教育信息化、教育现代化中发挥了重要作用。信息化教学不仅大大扩展了人们相互交流和获取知识的渠道，还为转变教育观念、变革教学模式提供了技术支持。

（2）信息化教育资源促进了教师角色的转变。众多的网络资源使学习者能够从更广的范围内检索所需要的任何信息，教师作为指导者和信息源的角色受到冲击，教师不再是学生唯一的信息源。在这样的教学环境中，教师最重要的职责应该是掌握获得信息的线索，从而为学生的学习提供支持和帮助。教师的角色，必须从知识的传播者向学习的引导者、帮助者方向转变，切实尊重学生的主体作用。

（3）信息化教育资源推动了教学模式的变革。信息化教育资源的使用，不仅仅是教学手段的更新，更重要的是可以借此实现教学模式的变革。传统的教学模式多以教师为中心，忽视了学生在学习过程中主体作用的发挥。信息化教育资源可以构建良好的自主学习环境，为调动学习者的积极性和主动性创造了条件。

信息化教育资源按照不同的分类标准有不同的分类，常用的分类标准有以下几种：

（1）按资源的来源划分。在前文中已经提到过根据资源的来源，可以将其划分为设计的资源和利用的资源两大类。作为教师，不仅要能够自己设计并制作所需的教学资源，更应该学会收集与整合各种利用的资源，为自己的教学服务。

（2）按资源的表现形式划分。根据资源的表现形式，可以将其划分为媒体素材、题库、课件与网络课件、案例、文献资料等类型：

①媒体素材：媒体素材是传播教学信息的基本材料单元，是组装其他学习资源（如课件、案例等）的"元件"。媒体素材可分为五种：文本类素材、图形（图像）类素材、音频类素材、视频类素材、动画类素材。

②题库：是按照一定的教育测量理论，在计算机系统中实现的某个学科题目的集合，是在数学模型基础上建立起来的教育测量工具。它一般是根据某门学科课程的教学目标、教学内容和学习者特征，在计算机系统中实现的该学科课程题目的集合。

③试卷：是用于进行多种类型测试的典型成套试题，一般可以通过相应的软件由题库生成。

④多媒体课件与网络课件：多媒体课件是一套相对完整的教学软件，它通常包含一个或几个知识点的内容。根据运行环境的不同，课件可分为网络版课件和单机运行课件：网络版课件能在网络浏览器中运行，并且能通过网络教学环境共享。单机运行课件可通过光盘发行或网络下载后在本地计算机上运行。

⑤案例：是指由多种媒体元素组合表现的有现实指导意义和教学意义的代表性事件或现象。在案例中，一般都包含现象描述和专家评述。

⑥文献资料：文献资料是指有关教育方面的政策、法规、条例，对重大事件的记录、学术论文、研究报告、电子书籍等数字化资源材料。

⑦常见问题解答库：针对某一学科领域中最常出现的一系列问题给出全面的解答。

⑧资源目录索引：列出某一领域中相关的网络资源地址链接和非网络资源的索引目录。

⑨网络课程：是通过网络表现的某门学科的教学内容及实施的教学活动的总和，它包括两个组成部分：一是，按一定的教学目标、教学策略组织起来的教学内容和网络教学支撑环境。二是，针对不同的学科、不同的学习对象，可以选用不同表现形式的信息化教育资源。在选用时可以选用其中的一种，也可以多种资源同时使用。

五、信息化教育资源的选择

信息化教育资源的迅速发展带给教师及学习者空前丰富的资源，同时也给资源的选择运用带来了一定困难。在选择资源时，应注意以下一些原则：

（一）选择原则

（1）信息化教育资源的教育性。考虑资源的教育意义，看它是否对学生的身心发展起到正面的促进作用，是否符合教学大纲和课程标准，是否有利于激发学生的学习动机和提高学习兴趣。

（2）信息化教育资源的科学性。资源是否客观、科学，资源提供的知识性是否比较强，能否为日常的教学活动提供相关参考，是否有错别字以及产生歧义等科学性错误。

（3）信息化教育资源的技术性。资源运行所要求的技术指标是否与当前计算机的性能相符。资源的分辨率设置与画面结构安排等运行的技术要求是否与现行浏览器相符。

（4）信息化教育资源的艺术性。主要是针对资源的界面而言，从其表现手法的多样性、情节的生动性、构图的合理性以及颜色的协调性等方面来考虑。

（5）信息化教育资源的经济性。资源的开发与选购应考虑经济性原则，资源应具有较高的性价比，在同等条件下，应选用那些花费少的资源。

（6）信息化教育资源的合法性。在选择资源时要考虑使用的合法性，要尊重作者的知识产权。

（二）教学媒体的选择

教学媒体作为信息化教育资源中的一类，在现代教育、教学过程中应用较为普遍，为此我们将专门讨论教学媒体的选择问题。

在选择教学媒体时需要综合考虑教学目的、教学内容、教学对象和教学条件四个因素。

（1）依据教学目的。每项学习任务、每次上课都有一定的教学目的，比如要使学生知道某个概念、明白某个规则、掌握某个技能、形成某种态度等。为了达到不同的教学目的，常需使用不同的媒体去传递教学信息。以外语教学为例，让学生知道各种语法规则与让学生能就某个题材进行会话是两种不同的教学目标。前者往往采用教师讲解，辅以板书或投影材料，使学生在井井有条的内容安排中形成清晰的语法规则；后者往往采用角色扮演，并辅以音、视频资源或多媒体课件，使学生在情景交融的沟通条件中掌握正确的语言技能。

（2）依据教学内容。各门学科的性质不同，选用的教学媒体就会有所区别。同一学科内各章节内容不同，对教学媒体也有不同要求，如在语文学科中讲读那些文艺性的记叙文，最好配合再造形象。所以应通过媒体提供某些情景，使学生有亲临其境的感受，以唤起他们对课文中的人物、景象和情节的想象，使之加深理解和体会。又如数学、物理等学科的概念和原理都较为抽象，要经过分析、比较、综合等一系列复杂的思维过程才能理解，所以应利用媒体提供的创新教材，才能帮助学生理解问题。

（3）依据教学对象。不同年龄阶段的学生对事物的接受能力不一样，选用教学媒体必须顾及他们的年龄特征。例如，小学生的认知特点是直观形象的思维占优势，注意力不持久，对他们可以较多地使用幻灯片和录像。幻灯片要生动形象、重点突出、色彩鲜艳，能活动的地方力求活动，每次课使用的片数不宜过多，解释要细致。使用录像也宜选用短片，动画镜头可以多一些。随着年级的升高，学生的概括和抽象能力发展了，感知的经验也逐渐丰富起来，注意力持续集中的时间延长，为他们选用的教学媒体就可以广泛一些，传递的内容则应增加分析、综合、抽象、概括，增加理性认识的分量，重点应放在揭示事物的内在规律性上，同一种媒体连续使用的时间也可长些。

（4）依据教学条件。教学中能否选用某种媒体，还要看当时、当地的具体条件，其中包括资源状况、经济能力、师生技能、使用环境和管理水平等因素。视频教学具有视听结合、文理皆适的优点，但符合特定课题需要的视频或视频片段不一定随手可得。语音实验室是一种极其有效的外语教学媒体，但并非每个学校都能具备，且每堂课都能用上的，往往只能因陋就简地采用录音机代替。使用计算机辅助教学前景较好，但除了需要购买计算机外，还得编制软件、培训教师。若教室不具备遮光设施，可能连"价廉物美"的投影仪、幻灯片都不能用。有的学校管理混乱，结果使不少已经置备的现代化教学媒体也无法使用。

六、信息化教育资源的运用策略

（一）运用策略

时至今日，信息化教育资源已经被广泛运用于教与学的各个方面，常见的运用信息化教育资源进行教与学的策略有：

（1）辅助教师的课堂教学。运用信息化教育资源辅助教师的课堂讲授，引起学生的兴趣和注意力，突破教学重点、难点，可以起到提高教学质量、增进教学效率的作用。

（2）协助创建以学生为中心的课堂学习模式。利用信息化教育资源，在课堂上创设以学生为中心的学习情境，采用发现式和探究式的学习方法，学生在教师的指导下，通过各种资源进行学习，不断发现问题、解决问题，直至达到教学目标的要求。

（3）帮助自主学习。自主学习是指学习者根据自己的认知特征而自主安排学习活动的学习模式，在学习过程中的学习者采用一种主动而积极的学习行为。它主要表现为学习者在教育活动过程中具有强烈的求知欲、主动参与的精神与积极思考的行为。信息化教育资源为学习者的自主学习提供了丰富的信息资源，并可以作为学习者学习的认知工具。

（4）促进协作学习。协作学习可以为多个学习者提供对同一问题用不同观点和方法进行讨论和协商的机会，共同解决比较复杂的问题。信息化教育资源可以为学习伙伴提供相同的学习材料和讨论素材，为网络环境下的协作学习提供支持。

（5）辅助学生技能训练与实践教学。有些信息化教育资源特别适合学生技能的训练与实践。例如，用声音材料训练学生的口语及听说能力，利用视频材料帮助学生学习动作技能。

（6）辅助进行研究性学习。研究性学习是学习者在教师的指导下，选择和确定专题进行研究，在研究过程中主动地获得知识、应用知识，并解决问题的学习活动。信息化教育资源可以为学习者提供研究素材、文献和案例等，在研究性学习的实施中起着重要作用。

（二）运用信息化教育资源应注意的问题

综上所述，我们可以看到，在各科教学环节运用信息化教育资源，可以优化教学过程，提高教学效果。在具体运用时我们还应注意以下几个方面的问题。

（1）使用信息化教育资源要有明确的目的。要做到根据不同媒体的特点和教学目标恰当地运用。首先要明确所使用信息化教育资源在教学中所起的作用。例如，是调动学生的学习兴趣还是解决重点、突破难点；是创设情境还是提供事实材料；是起示范作用还是作为学生探究对象等，这些都要明确地了解。运用信息化教育资源旨在解决那些用传统教学资源难以解决的问题，没有作用或作用不大的绝不选用。

（2）正确把握使用信息化教育资源的时机和"度"。原则是：少而精，不搞花架子。要把握好信息化教育资源的最佳使用时机，一般情况下一堂课的开始，一般用于创设情境，提供学习表象或检查学习，引入新课。课的中间一般用于：①当学习内容不能引起学生注意时；②当学生的思维缺乏凭借物，学习内容抽象而教师仅凭黑板、挂图和口头又难以描述清楚时。

（3）信息化教育资源的选择要遵循低成本、高效能的原则。我们在选择、设计资源时，一定根据资源所产生的功效与所付出的代价的比率选择。

（4）要充分利用信息化教育资源的特点组合教学，扬长避短，互为补充。例如动画资源在表现活动的画面有独特的优势，但它呈显时间太短，学生的认知过程难以展开，但如果将它与图形、图像资源相结合，则既能表现活动的画面，又能表现静止放大的图像，教学效果必然会好。

（5）信息化教育资源要与传统教学资源有机结合。课堂上教师的语言讲解、板书和直观教具的运用是不可缺少的，信息化教育资源与之结合才能达到课堂教学的最优化。

（6）运用信息化教育资源前必须要做好充分的准备。教师要不断增强信息意识，增强信息技术运用能力，努力深入研究信息化教育资源的不同功能和特点，不断提高使用信息化教育资源的水平，这样才能有效地提高教学质量。

第二节　教育信息化资源的收集

一、信息化教育资源搜索方法

目前，网络上有不可计数的信息化资源和信息化教育资源。要想在这么大的一个资源库中查找一条具体的信息，犹如大海捞针一般。因此有人发出这样的感叹：我们淹没在数据资料的海洋中，却又在忍受着知识的饥渴。

为了能让人们方便地查找信息化教育资源，目前有许多查找信息的方法。这些方法可以分为两类：一类是有既定目标的查找；一类是没有目标的查找，而后者往往是指一种网上"冲浪"游戏。两种查找方法的比较见图5-1。用户可以使用搜索引擎查找信息，不同类型的搜索引擎适用于不同的查找需要。一般来说，搜索引擎主要分为两大类，即传统的搜索引擎（包括根据主题和关键字进行搜索）和智能代理（Agent）。

但是无论怎样，没有所谓最完美的搜索引擎。为了获得理想的搜索效果，最重要的是要选择合适的搜索引擎。作为用户，首先要了解搜索引擎是如何工作的，包括引擎的索引源，利用索引源如何进行索引，需要什么样的语法等。特别是在当今信息时代，世界上的知识总量每2～4年就翻一番，网络几乎成为人们最主要的信息来源。我们需要正确地利用这一功能强大的工具，在海量的信息里获得需要的信息和服务，尽可能地避免信息时代的一个最紧迫的问题——信息过载。

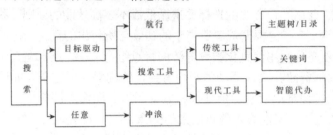

图 5-1 网上信息搜索策略

由于种种原因，在教育领域中这个问题变得尤为重要。因为我们必须以一种新的方式教育我们今天的年轻一代，使他们在将来能够熟练运用这些海量资源为他们的学习和生活服务。但是，有几个问题需要引起我们的注意：由于网络的发展非常迅速，而且比较复杂，教师在把它恰当地运用到课堂教学方面缺乏经验，不清楚通过网络究竟能够获得多少信息。另外，尽管年级较低的学生能够熟练操作计算机，但是由于缺乏必要的背景知识，不能判断获得的各种信息的价值。而年级较高的学生和教师一样，可能具备了必要的背景知识，但是缺乏运用网络的经验和技能。这样就产生了三个方面的问题：（1）网络上的哪些资源可以服务于教育目的；（2）如何才能找到所需的信息化教育资源；（3）怎样确认所获得的信息化教育资源的可用性。

在信息化社会中，学习者能否占有信息、如何占有信息、占有信息的及时程度，是学习者学习能否成功的关键所在。学习者确定自己的信息需求，是其获取信息以及加工信息的基础与前提。在信息化学习环境下，将信息技术作为信息获取的工具，是学习者发现与获取信息的一种良好途径。将信息技术作为信息获取工具，一般有以下三种途径：

（一）利用搜索引擎

通过搜索引擎，可以非常容易地查询和挖掘网络环境中珍贵的信息化教育资源。常用的网络搜索引擎主要有：百度（http：//www.baidu.com）；Google（http：//www.google.corn）；天网中英文搜索引擎（http：//e.pku.edu.cn）；搜狐（http：//www.sohu.com）；网易（http：//www.163.com）。

（二）利用各种类型网站

目前，互联网上有各类各样的网站类型，包括各类行业网站、教育网站、专业网站、主题网站、资源网站、个人网站等，举不胜举。其中教育类的网站类型也十分丰富，如：

（1）政府教育网站。

中国教育部（http：//www.moe.gov.cn）

中国教育和科研计算机网（http：//www..edu.cn）

（2）基础教育网站。

中国基础教育网（http：// www.cbe21.com）

中国中小学信息技术教育网（http：//www..nrcce.com）

（3）专业网站。

中学语文（http：//www.pep.com.cn / zhongyu / index.htm）

中国数学（http：//www.china-maths.com）

（4）主题网站。

数学奥林匹克俱乐部（http：//mathclub.chination.net）

鲁迅研究网（http：//luxun.top263.net）

茅盾研究会（http：//g018.163.corn/.maodun2000）

（三）利用地区或学校教育资源库

教育资源库是信息化教育资源的科学化、系统化的集合，教育部非常重视教育资源库的建设，连续出台了相关政策与措施，以推动教育资源库建设的进程。许多企业、学校纷纷参与教育资源库建设，并已经取得了一定的成效。高质量教育资源库具有教学针对性强、内容科学、实用性高、冗余度低等特点。建设高质量教育资源库有利于避免资源重复开发造成的巨大浪费，实现资源的高度共享，可以在学校教学和学生自主学习中发挥重要的作用。在学校校园网络环境下，利用学校内部教学资源库或著名教育资源库镜像，学习者可以从中查找或搜寻到所需的资源，解决问题，并从中扩大视野。教育资源库也为教师提供了丰富的、生动形象的课堂教学内容，帮助教师更好地实施与开展课堂教学，提升教学质量。

二、信息化教育资源的获取方法

（一）压缩与解压缩

从网络上下载下来的音频、视频、动画、课件等信息化教育资源多为压缩文件，压缩文件要使用压缩／解压缩软件解压缩后才能使用。对自己计算机里的资源进行备份时，无论是备份到其他的硬盘上，还是备份到移动存储器上，采用直接拷贝的方法往往要占用较大的空间，此时就要用压缩／解压缩软件对需要备份的资源进行压缩，然后再备份。

常用的压缩文件格式：zip 格式、rar 格式，另外还有 ARJ、CAB、LZH、ACE、TAR、GZ、UUE、BZ2、JAR、ISO 等格式。

压缩与解压缩常用的工具软件：WinZIP、WinRAR 等。

WinZIP 的默认格式是 zip，WinRAR 的默认格式是 rar，相比之下 RAR 的压缩比要比 ZIP 高，且 WinRAR 所支持的压缩文件格式也比 WinZIP 多。WinRAR 支持常用的各种压缩格式，是目前流行的压缩工具，界面友好，使用方便，在压缩率和速度方面都有很好的表现。

（二）FTP 资源下载

文件传输协议（File Transfer Protocol，FTP）主要是用于提供文件的保存、管理、传输等服务。我们可以利用 IE 浏览器访问网络上的 FTP 服务器，下载所需要的文件资源。基本使用步骤如下：

（1）在 IE 浏览器的地址栏中输 FTP 服务器地址，例如北京大学的 FTP 服务地址是 http://ftp.pku.edu.cn，西南大学外国语学院的 FTP 服务地址 http://202.202.121.100。

（2）IE 浏览器就会将服务器的文件目录在窗口中列出来。

（3）选中你要下载的文件或文件夹，单击鼠标右键，弹出下拉菜单。

（4）在下拉菜单中，单击【复制到文件夹】命令，会弹出【浏览文件夹】窗口。

（5）选择存储位置，单击【确定】按钮，所选文件资源就会下载到本地机器中指定的位置。

第三节　现代远程教育资源建设与应用

一、远程教育多媒体资源的建设

当今时代，远程教育迅速发展，多媒体资源建设工作成为其中一个重要的环节，然而这一环节目前还比较薄弱，所以不断探索、研究和建设有价值的、高水平的多媒体教学资源，并把它们进行一体化设计和应用，成为发展现代远程教育的一项极其重要的任务。

（一）远程教育多媒体资源

远程教育媒体资源是指利用计算机网络来记录、储存、传输、调节、呈现教学信息的实物、材料、设备和设施的总称。远程教学媒体作为传送和呈现教学信息的载体，最终都要作用在人的感官上，引起感觉、产生知觉、激发认知。所以从某种意义上讲，远程教学媒体资源是人的感官和大脑的扩展、延伸和加强。远程教育由于师生分离，媒体的扩展、延伸作用就更加重要了。远程教育媒体资源的种类很多，我们称之为多媒体。概括地说，依据媒体资源的形态可分为硬件媒体和软件媒体；依据受众的多少可分为大众媒体和个人媒体；依据时代和技术的发展可分为传统媒体和现代媒体；依据媒体的价格可分为昂贵媒体和廉价媒体；依据媒体是否需要联网和在线可分为网络媒体和单机媒体；依据媒体教学信息的传播方向和教与学双方的相互作用可分为单向媒体和双向交互式媒体等。

（二）现代远程教育媒体资源建设的必要性

1．良好的远程教育资源应当具备的特点

（1）开放性。由于远程教育是一种师生分离、非面对面组织的教学活动，资源的开放性就显得尤为重要。我国不同地区有不同的特点，资源分布不均衡，考虑到不同区域，教育资源应该互补性和动态交流的特点。

（2）系统性。教学资源库建设是一个系统过程，教育作为一项国家基础事业，要综合政策法规、硬件配置、人力统筹等来考虑各个因素之间的复杂关系，因而决定了教学信息资源库建设的系统性。不仅要正确处理信息资源库系统的各个子模块之间的结构关系，更要正确处理信息资源库系统与教育这个大系统中其他子系统之间的关系，只有真正实现了这种协调的发展，教学信息资源才能被高效地利用起来，这是避免重复建设、浪费资源的必要因素。

（3）规范性。教学资源的建设必须符合教育教学的规律和特点，对学科、年级、资源种类等进行定义时要根据统一的规范标准，符合教育部现代远程教育办公室颁布的《现代远程教育资源建设规范》。由于我国幅员辽阔，各地教育水平发展不一致，因而在进行教学信息资源建设方面必然存在差异，只有制订统一的资源标准，才能使国家在进行资源统筹、各地区在进行资源交流与共享时具有可行性，并能与世界接轨。

当然，要建设良好的远程教育资源，还应考虑到远程教育的其他特点，比如非正规性、必须适应合适的技术等。总之，要突出远程教育资源的灵活性特点。

2. 远程教育中教学资源建设的必要性

（1）多媒体信息能激发学生的学习兴趣。学生的学习兴趣是十分重要的。远程教育教学资源是我们的良师益友，恰当地运用远程资源比传统教学模式更有表现力和感染力，能促进学生高效地获取知识。远程教育教学资源中的媒体素材库、题库集文字、图形、图像、音频、视频等于一体，把多媒体技术融入课堂教学中，使得教学手法具有多样性，教学氛围轻松、活泼。学生能够在良好的状态下自主、积极地学习。

（2）网络课程能给学生提供大量的信息资源。在网络课程中，学习者可不受地域、时空的限制，打开网络课件库，根据自身的特点来选择合适的课程。学生还可以通过网络去登录各大学校的精品课程网站，接收技术学习优秀的课件资源。学习者可以根据自身的学习情况，有选择地使用，教师也可根据教学需要，从中挑选供上课使用。教学资源中的数字化学习资源具有多媒体、超文本、友好交互、虚拟仿真、远程共享、富有创造性等特点，利于多层次探究。数字化资源大大丰富了学习资源，为师生提供了更为广阔的选择空间。多媒体化的学习资源，打破了传统教育中单一的教学信息的局面，使教育信息的呈现更加丰富多彩，激发学生的学习兴趣，提升教学效果。

（3）教学支撑系统能增进情感交流并进行教育管理。①教学支撑系统能提供同步和异步讨论，增进学生的情感交流。现代远程教育中的教学支撑系统有同步和异步交流讨论工具，同步讨论有助于情感交流，促发新思维，是在线解答疑难问题的场所，学生在参与讨论时营造了和谐团结的学习气氛。对于一些问题的深入探讨，学生可以通过积极参与异步讨论的方式来实现，在讨论过程中学生常需阐明自己的观点，试图说服别人，将有效地促进学习者内部的信息加工和对知识意义的建构过程。同时学习者还可以根据别人正确的意见来检验和修正自己的观点，这种认识的重构促进了高层次的认知能力的发展。②教学支撑系统能针对学生的学习效果进行测量与评价。现代远程教育教学支撑系统中的教育管理系统是针对学生的学习效果进行的测量与评价，是教师实施个别化教学的重要依据之一。教师输入一些基本信息后，系统自动抽取试题供学生联机测试用，学生提交考试结果后，教师可调出学生的试卷进行打分。教师还可以给出有针对性的评语，并在试题管理中查询、浏览试题库的详细答案，删除不适合的试题。学生可以通过成绩查询系统查询考试成绩、标准答案、教师评语等信息。

（三）目前远程教育媒体资源建设中常见的问题

1. 对教学资源认识不足，缺乏对学生认知规律的把握

观念问题是远程教育教学资源建设的主要障碍。对于教学资源的建设，很多人的观念还停留在原有的增强教学辅助手段的基础上，并没有随着学习环境的变化而及时更新，还过多地强调教师的讲授与演示性资源，忽视远程教育的特殊性，轻视自主学习与研究性学习所需要的丰富的学习资源建设。目前的资源建设处于发展阶段，缺乏完整、科学的教学资源建设的整体设计方案。很多学习资源的建设，在过程中缺乏对学生认知规律的把握，忽略了各种媒体之间的有机衔接，因而很难实现多种媒体的优化配置和综合利用。只有找准原因，针对性地采取措施才能保障媒体资源的充分利用。

2. 资源的质量和数量不能完全满足教学与学习需要

目前，远程教育平台上提供的网上学习资源种类比较丰富，包括文本、视频、动画等各种形式以及教学辅导文章。这些动态教学资源的建设解决了网上教学资源的有无问题，部分缓解了学习过程中学习资源不足的困难，但优质资源建设不够，相当多的学习资源停留在"教材搬家"水平，距离满足学习者不同需求的层次还有很大差距。网上教学资源内容明显滞后、形式单一。许多科目相关的内容在实际生活中已经发生了很多变化，而教材却仍然在介绍旧的知识。再如计算机学科的教学资料录像课程比较多，而交互式的计算机多媒体教学课程比较少，专业和课程特色不够突出，重复建设的课程和资源比较多。课程内容的改革涉及人才培养的规格和目标，因此必须高度重视教学内容的改革和课程体系的更新，这是教学质量保证的源头。另外，远程教育学习资源多数是文字教材的搬家或课堂教学的翻版，内容还不够丰富，专业和课程特色体现不够明显，资源的模块结构以及质量还不能完全满足学生个别化学习的需要，缺乏符合教学需要的资源。

3. 教学资源设计技术含量高，但是忽略了教学内容的呈现

长期以来，远程教育走的是一条"设计—制作—生产—发送"的路线，关注较多的是远程教育资源的设计技术含量问题。而忽略了教学内容的呈

现方式设计、导航设计、互动设计，而且技术人员起主导作用的局面也没发生变化。从技术人员角度，构图、色彩、音频、视频、文件格式、链接、导航等技术要素格外被关注，刻意去追求一些技术指标、教学内容、学习规律等相关问题，而教师的教学意图、教学方案却难以实现。如此制作的课件或教材往往看上去很美，却脱离教学实际，无法真正让学生用起来。

4．学习资源交互性差，缺少有效的指导

课程建设完成投入使用后，缺乏质量跟踪和信息反馈。课程建设人员对跟踪调查和信息反馈缺乏专业化的运作方式，难以发现客观上存在的问题。目前我们的学习资源，可交互性资源不多，难以对学生实行有效的指导。经研究发现，如果将教学的全部过程都交由学生控制，只有少数知识和经验丰富的学习者能够取得好的学习效果，并对教学课件表示满意。对大多数学习者，自由控制顺序、步调、练习的数量和难度常常带来令人失望的成绩。学生在学习中遇到的问题不能及时得到解答，老师交给学生的任务也难以如期完成，影响学习质量。

二、网络课程中教学视频的制作与运用

随着互联网和信息时代的普及，网络教育在传统教育教学中的应用日渐广泛，而教学视频是网络课程中包含学习信息最多的媒体形式，其必将成为网络课程中的重要部分。网络课程是网络技术运用于教育的过程中产生的，它的出现极大地丰富了学习者的课外学习资源，开阔了学习者的眼界。网络课程中的教学视频是将网络、课堂教学和电视制作手段三者相结合，借助网络平台发挥教学作用的一种形式。网络课程教学视频资源建设的质量直接影响到网络课程教学水平的高低，优化网络课程教学视频对提高网络课程的质量具有重要的现实意义。

（一）网络课程中的教学视频

1．网络课程和教学视频

网络课程是基于网络的关于专门学科的教学内容与教学活动的总和，包括按一定教学目标、教学策略组织起来的教学内容和网络教学支撑环境两个组成部分。教学视频是将教师要传授给学生的知识、技能等内容制作成视频形式，以辅助现代化多媒体教学。它既能帮助老师更加生动、形象地展现出在课堂上无法实现操作的内容，同时又真实地记录了教学内容，

方便学习者随时随地反复学习，是现代化教学中必不可少的重要辅助工具。

2．网络课程中教学视频的优势

（1）教学视频具有表现性强的优势。教学视频适宜呈现一些对学生来讲比较陌生的信息，具有很强的感染力和表现力，尤其在表现事物细节的方面，视频所能传输的信息量是很大的。

（2）教学视频鲜明、生动的形象不仅能提高学生对讲解重点的选择性和理解性。同时还能够使学习者的注意力更加集中，比如在表现一些实验操作过程方面就比较适合运用视频媒体，学生会很有思路地理解操作过程。

（3）教学视频具有纪实性强的优势。教学视频影像能够真实全面地记录整个教学内容。比如在观看微格教学的实验录像时，视频可以给学生很强的真实感，同时让学生有一种重返讲台的现场感，大大增强学习效果。

（4）打破了传统的教学方式，使课堂教学不受时间和空间的限制。学生只要拥有一台连接网络的电脑，就可满足学习需求。并且可以使学生在课堂外不受次数限制地重复学习，对知识难点和重点进行进一步的理解和掌握。

3．网络课程中教学视频运用的基本原则

（1）视频的运用要以提升教学效果为目的。多媒体网络技术与课程进行整合，其主体是课程，而不是多媒体网络技术。因此，应该以课程目标为出发点，以提升教学效果为目的，来选择和使用视频媒体。

（2）视频的内容要与其他教学内容协调一致。把握多媒体网络课程的特点，保证视频媒体表现的教学内容与课程其他教学内容的协调一致。在多媒体网络课程中，视频的内容既要围绕课程的教学目标，又要与其他教学内容相辅相成、相互配合，避免在表现教学内容上出现不必要的重复，这是对多媒体网络课程中的视频媒体一个重要的要求。

（3）视频的应用要与其他教学媒体协调一致。在多媒体网络课程视频的应用过程中，要注意协调视频媒体与其他教学媒体之间的关系。比如，课程页面上视频媒体与其他媒体在展示上是否得当，视频媒体与其他媒体的交互是否方便顺畅等。

（二）网络课程中教学视频制作和运用中存在的问题

1．网络课程教学视频制作过程中存在的问题

（1）网络课程主讲教师没有精心准备教学视频文字稿本。制作网络课程教学视频是一项创造性的工作，然而文字稿本则是这项工作的基础。教学视频文字稿本确定了网络课程的课题、主题思想，并且基本上确立了网络课程教学视频的结构。后期的拍摄、编辑等工作要围绕主题思想进行，结构则细化了主讲教师本节课授课内容的几个部分。但是很多教师没有重视网络课程教学视频文字稿本的规划和撰写，从思想上抱着无所谓的态度，甚至有的教师根本不知道文字稿本在网络课程教学视频制作中的重要作用以及书写格式。课堂授课内容结构层次不明显，学生听起来平如流水，没有体现出本节课内容中的重点和难点。学生在听课过程中思维没有起伏，缺少必要的问题刺激，学习效率大大降低，网络教学效果不明显。

（2）网络课程教学视频录制过程中镜头表现不尽如人意。网络课程教学视频中的主讲教师由于没有经过专业化培训，缺乏在摄像机前授课的经验，忽然对着镜头进行授课，心里紧张，镜前表现较差，授课语言不流畅，甚至吐字含糊不清。一些平时讲课激情饱满、发挥自如、讲课方法吸引学生兴趣的教师失去了应有的感觉，取而代之的是教师埋头念讲稿、干咳、表情恍惚等，这样便会给学生产生一种陌生的感觉，失去了平时听课时的心态。

（3）网络课程教学视频镜头组接与教学内容逻辑不一致。随着网络课程建设与应用的日益广泛，出现了大量的网络课程教学视频资源，不乏质量较差、制作粗糙的资源。其中大多都存在着镜头的组接与教学内容的逻辑性不一致问题，这些问题严重影响着教学视频中教学信息的呈现与网络课程的教学效果。主要表现在教师、学生、教学内容三个主体元素的镜头在画面中的呈现与教学程序的逻辑性不一致。比如，当教师需要把文字信息呈现给学生时，画面显示的却是学生镜头或是教师镜头，而非文字信息的镜头；当教师讲到需要用课件上的动画展现教学信息的时候，镜头却没有切换过去。这些都是由于教师没有做好课堂教学设计或者教师与摄像及后期制作人员没有做到充分的沟通，使得镜头组接不符合教学逻辑，抓不住重点，造成教学信息不能很好地传递，没有达到预定的教学效果。

（4）缺乏专业的网络课程制作团队，教学视频摄制水平不高，缺乏艺术性。大多数网络课程教学视频制作时，没有专业的制作人员，一般由各校指定一些部门，如教育技术中心负责网络课程教学视频的整体工作，主讲教师只负责课程内容的讲授，其他成员如教学设计人员、美工师、灯光师等基本上没有专门的人员负责。网络课程教学视频录制过程中环境噪声较大，构图欠合理，色彩搭配不协调，画面暗淡，缺乏美感。拍摄人员和主讲教师也是忙各自的工作，直到摄制开始前才进行一下简单的口头交流，以保障拍摄的顺利进行。拍摄人员很少为主讲教师提供上镜的指导，只注重讲课内容的拍摄而忽略了构图、用光、镜头切换等技巧，缺乏专业性和艺术性。主讲教师作为教学信息的传授者，也不愿意去获取摄录技术方面的知识，认为自己讲好课就好了，其他的与自己无关。在网络课程教学视频制作过程中，这种无交流协作或少交流协作的制作过程极大地影响了网络课程教学视频的品质。学生在观看过程中容易疲劳，注意力不集中，最终厌倦学习。

2. 网络课程教学视频运用过程中存在的问题

（1）观看教学视频过程中学生提出的问题得不到及时有效的反馈。学生通过网络课程教学视频进行学习过程中，肯定会有不懂和疑问之处，此时由于网络课程教学视频中的授课情形不具即时性，主讲教师和学生都不能得到及时的信息反馈，时间久了，老师不了解学生对知识的掌握情况。由于前面的疑问还未得到解决，新的问题又纷至沓来，学生的疑问越积越多，慢慢地听不懂老师的讲课内容，教学视频的教学效果降低了。

（2）学生学习缺乏有效监督，自觉性不强，学习效率低。学生在观看网络课程教学视频时，一方面，由于老师监督放松，没有平时授课要求严格。另一方面，由于受多媒体教学视频画面、色彩等视觉、听觉的刺激，大脑容易兴奋，这种兴奋会通过面部表情、语言等方式表现出来，受彼此的感染，一些同学之间窃窃私语，产生课堂噪音，影响部分同学正常听课学习，使整体学习效果下降。

（3）学生长时间盯着教学视频屏幕学习容易产生视觉疲劳，思维不活跃。在一节课五十分钟时间内，学生长时间盯着教学视频观看学习而没有空闲时间来思考问题，就会产生视觉疲劳，将视听转变成听，很少再看画面。另一方面，由于视频中每一个画面所呈现的教学内容相对前面的都是新的知识，长时间不停歇地看，思维没有时间参与思考工作，大脑不会受到问题刺激，这使学生感受不到学习的乐趣。

（4）课前未对教学设备进行检测，课堂上教学设备不能正常工作。很多时候授课教师对教学设备的性能不进行检测，管理人员也是如此，只在问题出现后才对设备进行维修。在进行多媒体授课时，由于播放器版本过旧、压缩算法不同教学视频出现格式问题、设备间线路连接紊乱、设备不能继续正常工作等问题都会影响网络课程的正常教学。当问题出现时才进行解决，这个过程花费一定的课堂时间，正常教学时间被压缩，学生接收教学信息变得更紧凑，影响学习效果。

（5）专业教师的多媒体应用能力差。网络课程教学中，很多教师的教学视频都来源于网络，没有亲身参与制作，因此对其中的一些功能图标及跳转按钮不清楚，教学视频播放过程中一些部分该跳转的未跳转，该切换的未及时切换，导致教学内容逻辑紊乱，影响学生的正常思考，整个课堂环境处于混乱状态，影响教学目标的实现和教学任务的完成。

（三）网络课程教学视频制作和运用的优化

1. 网络课程教学视频制作的优化

（1）主讲教师精心准备网络课程文字稿本。网络课程主讲教师根据教学内容和教学目标精心撰写文字稿本进行教学设计，这在一定程度上是对授课内容的温习，最大的优点就是能串联整节课的层次结构，学生在学习时能投入到老师的讲课中，能跟着老师的思维，积极认真思考。学生学习效果好，教师实现了教学目标，完成了教学内容。

（2）加强网络课程教学视频中主讲教师的镜前培训。优秀的传统教育教师并不一定能在网络课程中当好主讲教师，网络课程教学视频中的主讲教师还要有一定的镜前表演才能，能在摄像机前发挥自如。学生观看教学视频学习时，在屏幕上看到的教师应该是自然大方、思维敏捷、富有激情和感染力的。教师应该用手势等身体语言以及生动的面部表情增强教学效果，使学生收到良好的学习效果。可见，对网络课程教学视频主讲教师进行相关的培训是非常有必要的，这使主讲教师在镜头前自如地进行教学内容的传授，自然地施展自己的才华和教学技艺。

（3）合理安排机位，综合运用拍摄镜头。网络课程教学视频拍摄时要使投影银幕上的内容清晰可见，应尽可能地选用配有高亮度、高分辨率的投影仪的教室，这样即便是在较亮的环境下，屏幕上的内容也是清晰可见的，从而解决了老师授课场景曝光不足的问题。另外，为了给师生保留一个与平常教学一致、更为真实的教学环境，拍摄时采用自动光圈和手动光圈相结合的方式。近景拍摄教师讲授活动及屏幕内容时，一般采用手动光圈，开大光圈增加曝光量，当转至拍摄全景时，则采用自动光圈。考虑到拍摄对象的多样性和客观环境的特殊性，更宜采用双机位进行拍摄。主机位固定架设于教室后方中部，正对讲台，主要拍摄教师授课、投影银幕显示、教室的合影及声音的拾取。副机位为活动机位，主要负责拍摄学生学习情景，如学生听课状态、做练习、记笔记、回答问题及师生互动等课堂教学过程情况，同时抓拍个别学生的瞬间动态，如脸部神态、表情等。在运用镜头时，一般全景、近景镜头适当长一些，而特定镜头短一些，重点的、动态的镜头长一些，静态的、单调的镜头则短一些。

（4）网络课程教学视频镜头组接与教学内容逻辑相符。网络课程教学视频镜头组接与教学内容逻辑一致主要表现在教师、学生、教学内容三个主体元素的镜头在画面中的呈现要与教学内容的逻辑性一致，这就需要主讲教师拍摄前与摄像人员充分沟通，必要时与学生进行交流。并且全程跟踪后期制作，与制作人员充分沟通，在镜头组接方面利用特技使教学内容结构紧凑、层次清晰地展示给学生，以使网络课程教学视频各镜头与教学内容在逻辑上达到一致。

（5）增加学生镜头在网络课程教学视频中的时间。学生是网络课程的主体之一，网络课程教学视频中应合理地出现学生镜头。学生是课堂良好学习氛围的直接体现者，学生获取知识的过程其实是师生间、学生相互之间感情交流的过程，网络课程中应合理安排学生镜头，比如学生听课神态、做练习题、记笔记等学习活动。学生在观看这类有同龄人学习镜头的教学视频时，可以从内心里受到鼓舞并且增加自己的学习动力和兴趣，能够和主讲教师做到最好的配合，授课氛围更加融洽、和谐，教师轻松地实现教学目标，完成本节课的教学内容。同时学生理解并掌握了教学重点和难点，学习效果明显提高。

（6）后期编辑制作人员要有专业的知识和技能。网络课程教学视频后期制作人员需要过硬的专业知识和技能，并且在编辑教学视频素材时要细心，教学视频镜头转场应符合学生的认知规律，符合教学内容的逻辑结构。教师讲课声和学生回答问题的声音应与其嘴部动作相符合，优质的网络课程教学视频其视音频应该同步，学生在观看时不会因为教学视频中音视频不同步而注意力不集中，保证网络课程教学视频传递教学信息的顺畅性和有效性，学生能够全神贯注地观看并对教学内容中的重难点知识做记录，课后复习，达到最好的教学效果和学习效果。

2. 网络课程教学视频运用的优化

（1）加强交流，教师及时解答学习疑惑。网络课程教学视频学习的过程中，授课教师应该承担教学视频中主讲教师的角色。在观看教学视频过程中学生会有许多不懂的地方，这个时候授课教师应该对学生心中的疑惑进行解答，对学生不懂的地方多讲解，帮助同学们理解教学视频中主讲教师的授课内容，再结合自己的课本认真学习，这样会达到事半功倍的效果，使学习过程更轻松，学生学习兴趣更高。

（2）对学生网络课程教学视频学习的过程加强监督。在观看网络课程教学视频过程中，大部分学生能够静静地观看并学习，部分自控能力比较差的学生会谈论一些与教学内容无关的事情，这样不但影响了自己的学习，还影响了别的同学的学习。这时授课教师应对这种情况进行制止，使自制能力差的同学能够重新回到听课学习的状态中，从而使所有学生进入一个更好的学习氛围中。

（3）观看网络课程教学视频过程中，教师应适时留给学生思考时间。在网络课程教学过程中，授课教师要针对各个不同内容有针对性地对学生进行提问，这样学生可以边看教学视频边对授课内容进行消化理解，并且还可以请教授课老师一些没有理解的问题，使自己对问题完全明白掌握。这样，在课堂时间内大脑一直处于思考活跃状态，同时，也可以缓解视觉疲劳，使自己完全处于一个放松的学习环境中，大大提高了学习效率。

（4）课前应对教学设备进行检测，对发现的问题及时处理。教学设备出现问题会严重影响教师的教学计划，更会影响学生的学习。每次进行多媒体网络课程教学前，主讲教师或者设备管理员应对教学设备进行全面检测，确保设备能够正常工作，这样主讲教师会顺利地进行网络课程的教学工作，学习亦能在一个相对轻松的环境中进行。

（5）强化专业教师的多媒体应用能力。在网络教学中，授课老师应接受现代教育技术知识的培训，对授课过程应用到的软硬件设备能够熟练使用，能够解决教学过程中出现的突发问题，能够熟练地运用多媒体技术进行网络课程教学，使学生掌握更多的专业知识。强化教师多媒体教学能力，营造更舒适的网络课程教学和学习环境。

优质的网络课程教学视频是学习者的良师益友，是教师手中的"金箍棒"，学生利用网络课程教学视频可以更好地理解并掌握课本知识，教师通过网络课程教学视频可以更加细致地讲解授课内容中的重点和难点。一门网络课程的制作与运用已经保证了这门课程具有教育性和科学性，同时教学视频是由有经验的教师进行讲授，其教育性和科学性应该是毋庸置疑的。重点应强调其制作过程中的艺术性问题，其主要表现在画面突出，构图严谨，动画、特技运用恰当，镜头组接流畅，节奏适当，以保证教学视频画面的教学性，便于学生观察并学习。在网络化教学环境中，视频媒体具有自身独特的优势，随着多媒体课程网络化进程的不断加快、视频数字化处理技术的飞速发展，教学视频在多媒体网络课程中会被更加广泛地应用，也将营造出更加生动活泼的网络化多媒体教学环境。

第四节　信息化学习平台的设计与运用

一、虚拟学习社区的设计与运用

21世纪科技迅猛发展，互联网得以广泛应用，学习成为终生事业。基于网络的虚拟学习社区已经引起了人们的关注，但总体而言，虚拟社区还没有发挥出自身的优势，未能实现教与学的模式创新。如何在虚拟学习社区中实现基于交往的学习活动，实现平等、协作、共享的新型教学与学习模式，是值得我们思考的问题。

（一）虚拟学习社区

虚拟学习社区的定义，国内外学者有多种表述，最早的关于虚拟社区的定义由瑞格尔德（Rheingole）提出，他将其定义为"一群主要借由计算机网络彼此沟通的人们，他们是彼此有某种程度的认识，分享某种程度的知识和信息，在很大程度上如同对待朋友般彼此关怀从而所形成的团体"。虚拟学习社区既是一个学生和教师共同完成目标的教学小组，又是一个学生们交流情感、信息、寻找支持和归属感的社区。虚拟学习社区，是由自然意愿及共同的理念和理想而结合在一起的。

（1）虚拟学习社区是在线学习与虚拟社区的结合。基于互联网的虚拟社区具有一些共同的属性，如各自不同的操作规则、社区成员在社区中扮演不同的角色、建立相互的信任以保证有效和持续的交互、有一个共同的目标使社区能够存在和发展。学习是一种社会交互的过程，人们在虚拟社区中相互交流和交互，本身就是一个学习的过程，尽管这是一种非正式的学习。如果把虚拟社区应用到学习领域，参与者有更具体的学习目标和要求，将虚拟社区的这些特性和人们参与学习的过程相结合，随着时间的推移，虚拟学习社区也就随之发展、形成，虚拟社区就成为一种把人们之间的经历、故事、观念联结起来的工具，从而加速学习进程和促进"隐性知识"的共享。

（2）萨宾·索伊弗特认为，建立虚拟学习社区是为了：①增进学习者更强的学习动机、提高学习的责任感、减少独立学习的孤独感。远程教育可以减少辍学率。②达到对学习内容和知识的更深的理解，共同解决学习中遇到的问题，交流学习经验，发现新知识。③通过小组学习和社区活动，在社区成员之间建立相互支持和相互依赖的密切关系。从知识管理的角度来说，这一过程使知识的四个转化过程得以实施。④为学习者交流显性知识和隐性知识，为学习者自由交流观点，为正式的和非正式的学习小组建立一个集成的学习环境。在这一环境中，知识可得到有效地传播。⑤提高学习者的认知水平，学会如何学习，通过社区的集体智慧的发挥和共享，提高个体的智能和智慧。

（二）以虚拟学习社区为平台促进学生的情感教育

学习是一个集知识能力的习得和态度情感的培养为一体的完整的过程，情感与认知在教学过程中相互渗透交融、并行不悖，但是长期以来人们更多是关注前者而忽略了后者。在远程教育中，各种科学技术的产生和发展使得教学手段和学习环境虚拟化，交互方式多样化，尤其是随着自适应学习系统的迅速发展，学生知识的学习和能力的培养更加个性化、智能化，在这个过程中情感教育已经被关注，但是并不完善。在远程教育中，虚拟学习社区是一个很好地促进学生情感教育的平台，我们应该如何利用它促进学生的情感教育呢？

1. 情感教育

情感教育，从最根本的含义上说，是指教师在教学教育过程中，在充分考虑认知因素的同时，充分发挥情感因素的积极作用，以达到教书育人的目的。在教育中，当认知因素和情感因素得到和谐统一时，才是真正成功之时。情感领域的教育目标主要包括态度、兴趣、理想、欣赏和适应方式等，具体可分为接受、反应、价值判断、价值的组织和个性化五个层次。

2. 利用虚拟学习社区促进学生的情感教育

长期以来，教育更多地关注学生认知的发展，尤其是虚拟学习社区通过利用各种信息技术在网络上构建学习的平台，为身处异地的学习者能够随时随地进行学习提供了一个"虚拟课堂"。在虚拟社区中，学生自己选择学习内容和学习方式，自定步调开展学习活动，在这样一个虚拟的平台上，学习者之间的地位是平等的，不存在等级和优劣之分。学习者对所学的知识，可以畅所欲言，随时提出自己的问题并发表自己的意见，一方面，这可以保持并提高学习者学习的积极性；另一方面，这也提高了学习者自我管理的能力和与人进行情感交流的能力。那么，如何利用虚拟学习社区促进学生的情感教育呢？可以从以下几个方面展开：

（1）利用各种工具促进人与人之间的交互，构建和谐的师生关系。与传统学校教育的"以教为中心"不同，远程教育下的虚拟学习社区的学习是以教师为主导、以学习者为中心的，既能体现学生学习的主体性，也能发挥教师引导帮助的作用。在远程教育中，学习者可以通过各种共享支持工具来交流情感，比如 E-mail、BBS、在线留言、教育博客、你问我答、远程视频会议等。学习者可以利用这些工具，在没有压力的环境下提出问题、讨论问题，以此唤醒学生对知识的内在追求。学习者还可以通过查看问题及其答案来丰富自己的知识，或者借鉴他人优秀的学习方法和经验，以形成良好的学习态度。另外，教师可以通过后台管理模块，对问题、答案以及学生的学习过程进行监控，观察学生在学习过程中的表现，以保证学习者接触的都是与学习内容有关的知识，使得学生沿着正确的方向发展。

（2）情感引导，提高学习的信心。心理学研究表明，对学生的学习来说，愉快的学习行为和情绪体验，会产生积极的情感共鸣，要通过积极引导，培养学生的学科知识情感。

在进行新学科知识的学习时，接触的大多是专业性较强的内容，学生如果属于学习新手，那么对内容就会产生恐惧，学习时就会遇到很多困难，比如，学习进行比较慢，他会觉得是"内容太难"，就会产生消极的自我否定和自卑感。

虚拟学习社区是学习者进行自由探索和自主／协作学习的场所。在信息交流的过程中，学习者对同伴的反应相互响应，从而形成热烈的交互气氛。这不仅能提高学习的气氛，也能提高学生学习学科知识的信心。通过社区模块与他人进行交流，发表各自对问题的观点，修正自己的观点。这样可以消除各种消极情绪，促使学习者以愉快的心情来学习，以积极的情绪面对学习，提高了学生学习的信心。

（3）强化实践活动，促进情感交流。在远程教育教学活动中，教师会根据专业特点开展丰富多彩的实践活动，使学习者在综合所学知识的基础上，对感兴趣的知识点进行深入、个性化的理解和探究，比如开展调研活动等让学生在丰富多彩的教学活动中领略了知识在实践中发挥的重要作用，增强了对知识学习的情感。那么，在进行这些实践活动时，我们要像传统教学一样对学生进行分组，开展协作式学习，促进学生的交流与协作。因此，在进行学习小组划分时，应尽可能将不同爱好和兴趣的学生搭配在一起，既有利于不同专业学生在补修专业课程时获得及时帮助，又有利于学习条件差的学生获得更多的学习渠道和资源，形成利于互动的学习环境。学习小组在虚拟的社区中一起进行讨论和交流，他们各自分工进行协作，查找相关资料，准备材料，同时对知识进行深入地协商和讨论，在协作学习中交流情感体验，交换意见、彼此学习、激发潜在的智力。在这样的学习环境下，学习者寻求自己的角色，能够在集体中找到归属感和安全感，以共同完成学习任务，在满足了相互间的各种心理需求的同时，又培养了良好的情感素质。

（4）构建学习情境，强化情感教育。学习是一个情感和认知相结合的整个精神世界的活动，而情感往往依附于一定的可以感知的客观情境而存在，任何一种丰富而微妙的情感变化、情感体验都是具体的、与特定的情境联系在一起的。构建真实的问题情境是成功实施远程教育的一个重要方面。虚拟学习社区所依托的计算机网络和多媒体技术，在远程教育平台的构建方面，应为学习者创设一个充满人文精神的虚拟学习情境，帮助学生加深对文本的理解。而且通过完成学习任务，唤醒学生自身潜在的生活经验和内在情感，并能使学生在特定情境中产生的情感体验中借助情境得以巩固，从而丰富和陶冶情感。激发学习者积极的学习情绪和兴趣，将知识融入情感中，真正地达到知识的意义建构。让他们觉得与每一种媒体之间都存在着潜在的对话，并随时进行心灵上、情感上的交流和沟通。在虚拟学习社区中，可以利用虚拟现实技术等构建真实的学习任务情景，把符号背后丰富的信息还原、呈现出来，为学生提供丰富的感知表象。在这种情境中，学生不仅能获得视觉、听觉体验，还能获得触觉、味觉等更多的体验，使学生的情感过程借助相应的感知和表象得以展开，体现素质教育的宗旨，完成情感教育的要求。

二、学习共同体的构建

受国际教育思潮的影响，"学习共同体"作为一种先进的教育理念在我国已被广泛倡导。学习共同体能有效地促进学习者的创造性学习和探究性学习，其作为一种能够为学习者提供理想学习环境的学习方式，被越来越多的学者关注。深层解析并探讨学习共同体的内涵及构建策略，对推动现代教学改革、进一步促进师生关系转型、增强课堂教学实效性具有重要的现实意义。

（一）学习共同体的内涵

"学习共同体"（learning community）是指一个由学习者及其助学者（包括教师、专家、辅导者等）共同构成的团体，他们彼此之间经常在学习过程中进行沟通、交流，分享各种学习资源，共同完成一定的学习任务，因而在成员之间形成了相互影响、相互促进的人际联系。根据"学习共同体"的定义，不难得出它具有学习性、团体性、合作性、互动性等基本特征。学习共同体的构成包括以下人员：

1. 学习者

学习者是网络学习共同体的重要组成部分，网络学习共同体中的学习者与传统学习中的学习者一样，都希望能学到更多的知识和技能，不断提高个人的竞争能力，以更好地适应社会发展需求，因而学习的积极性较高。

2. 助学者

助学者是学习共同体的"组织者""协调者"和"经营者"，他们主要包括教师和专家等，更多地是作为"学习的促进者"而不仅仅是"知识的提供者"。助学者主要为学生的学习活动提供学习资源、在线咨询、反馈和指导，充分调动学习者原有的知识经验，促进其对新旧知识的同化和迁移。

3. 信息流

信息流是学习共同体构建和维持的必备条件。信息流主要包括结构化知识信息流和互动信息流两类，其中结构化知识信息流主要是指在线课程、专题网站等高度结构化的知识信息，互动信息流则是指学习者之间或学习者与助学者之间交流互动产生的信息。

（二）学习共同体的基本功能

1. 信息交流

学习者与辅导者进行交流，同时又与学习伙伴进行交流和合作，共同建构和分享知识。在沟通交流中，学习者可以看到不同的信息，看到对问题理解的不同视角，反过来会促使学生进一步反思自己的想法，重新组织自己的理解和观点。

2. 情感交流

建立学习共同体是满足学习者的自尊和归属感需要的重要途径。在学习共同体中，学习者感到自己和其他学习者同属于一个团体，在进行共同的学习活动，遵守共同的规则，具有一致的价值取向和偏好。学习者对共同体的归属感、认同感以及从其他成员身上所得到的尊重感有利于增强学习者对共同体的参与程度，维持他们持续、努力的学习活动，而这一点在远程教育中具有特殊意义，它有利于增进网络学习环境中的情感交流。且在沟通交流中学习者可以看到不同的信息，看到理解问题的不同角度，而这又会促使他们进一步反思自己的想法，重新组织自己的理解和思路。

（三）学习共同体的构建意义

随着知识经济时代的到来，教育正经历着一场深刻的变革。"学习共同体"作为一种新的教育体系，不仅是教育的对象，更是教育的主体，是一个开放的综合体系，是教育改革的内在动力。不论是对我们的学生还是对我们的社会，都有着重大的意义。

（1）培养思辨的能力，提高学生的综合能力。创新除理念上的改革，更需要付诸实践中，首要的就是思辨能力的培养，它能教会人对事物的审视、怀疑，并自主寻求答案，而不是做一味听话的机器。创建"学习共同体"，无形中就提供了这样一个平台。学习共同体既有针对同一问题的专题考察，也有围绕着一个方向的课题研究。学生往往还可以得到老师（助学者）的帮助和支持，从自主意识出发，积极主动地去思考、去推想、去研究。

（2）增强学生归属感，提高大学生对学习的兴趣。建立"学习共同体"是满足学习者的自尊和归属需要的重要途径，在"学习共同体"中，学习者感到自己和其他学习者同属于一个团体，有一种集体的归属感。并且学习者大都围绕着相同或相近的学习目标而集合在一起，遵守共同的规则，具有较为一致的价值趋向和偏好，因此会表现出对共同体的倾向性。

（3）促进信息交流，提升集体智慧。在学习共同体环境中，学习者能够获得计划、组织自身的研究和问题求解的机会，获得为达成重要目标而进行协作学习和协同工作的机会。学习者不仅与辅导者进行交流，同时又与同伴进行交流合作、探讨问题、产生新观念、开拓新思路、相互争论、达成共识。在沟通交流中，学习者可以看到不同的信息，看到理解问题的不同角度，而这又会促使他们进一步反思自己的想法，重新组织自己的理解和思路。不仅学到知识，还获得了学习能力，提高了多种智能，也促进了团队合作，提升了共同体的集体智慧。

（4）为学习型社会提供多元化的人才成功机制。教育的目的不仅仅是传授知识，而是要提高自身综合素质和能力。教育的职能不仅仅是保存、传播、发扬已有知识，更重要的是创造新知识、新思维和新的价值观。学习不是被动的，而是自主的、个性化的。学习型社会是知识经济时代提出的新的要求，"学习共同体"的最初建立就是为了解决知识在社会实践中运用的问题，共同体是为了一定的现实问题而展开的，实践性是共同体的重要特征，体现了知识的自由传播和创新实践。

（四）学习共同体中角色的认知

像文化沙龙、学习小组、研究团队等，都是一个个鲜活的学习共同体形式。然而他们的构建必须是建立在一定的人际心理相容与沟通基础上的，它的实现也需要我们的教师、学生思想观念的转变，即必须首先明确，他们各自扮演的角色、意义和作用等，并对学习共同体有一个清楚的认知，接受它、容纳它。其次便是具体的行为措施，思想决定着行为。

1. 从知识学习到精神相遇

针对学生对教师一味敬畏、敢想而不敢言的心理，我们需要构建这样一个民主平等、和谐融洽的师生关系，这将是奠定我们活动顺利开展的基础之石。古有"教学相长"，即一个人的"教"与一个人的"学"可以相得益彰、相辅相成。现代意义已不再局限于其原意，即真正的教学是一种双向激发的生命运动，是师生之间相互学习、共同提高的一个过程。教师要尊重学生学习主人的地位，发挥学生学习主体的作用，要为学生提供发表不同学习见解的机会。实质上，师生关系发展的过程是一个共享的过程，是一个共享精神、知识、智慧和意义的过程，师生在共享中相互促进、相互发展，如果不保持共识、容忍差异，就不可能产生平等对话的关系主体，就不可能进行真正意义上的精神交往。因此，教师应首先建立民主的交往模式，得到学生的认可后引导学生，充分尊重学生的特殊性，鼓励多样性，培养创造性。只有在学生面前保持真实自我，取得学生的信任，同时信任学生，才能建立动力性"关系"，促使学生开发自己的能力，并与学生共同汲取有意义的知识。除此之外，还应多站在学生立场上考虑问题，在一定程度上满足和实现了学生的期待，学生自然而然地会满足教师对学生的期待（表现在每个学生有某种必要的成就取向、学习态度、发展需要以及相应行为方式），从而也实现教师对自我的期待（该怎么做，怎么从教育教学中获得快乐），达到感情上的共鸣和教学中的和谐。

2. 从知识的提供者变为学习的促进者

教师不再是知识的灌输者，应该是教学环境的设计者，学生学习的组织者、指导者和促进者，教导学生如何参与团队合作，如何获取自己所需要的知识，掌握获取知识的工具以及学会如何根据认知的需要去处理各种信息的方法。教师传统角色转变之际，教育事业对教师素质能力有了更高的要求，教师不仅要精通教学内容，更要熟悉学生，了解他们的认知规律，掌握现代化的教育技术，充分利用学习资源，设计开发有效的教学资源，善于设计教学环境，能够对学生的学习给予宏观的引导与具体的帮助。不管是传统还是现代，教师的角色永远无法被替代，只是教师起作用的方式和方法已不同于以往。诸葛亮有言："攻心为上"，在新型的教学中，教师更需要把握好学生心理运作，所谓知己知彼、百战不殆，只有这样才能更好地引导我们的学生去学习、去探索。例如在信息技术迅猛发展的现代生活中，可以多利用 BLOG、QQ 等一些网络工具指导我们的学生完成任务，在这种虚拟环境模式下，可以让教师随时随地、无空间无阻碍地与我们学生进行交流、信息反馈。同时，通过这样的空间相隔，能减少一些学生害怕老师的心理负担，缩短师生距离，促进他们的交流沟通。

3. 从接受知识到学会认知

"学会认知"是什么意思？很多人以为学会认知就是人们常说的智力教育，认知层次高就是学习成绩好，真的是这样吗？其实不然。

实际上，认知是每个人都具有的一种潜在能力，但是这种潜在的能力必须通过一系列的自我学习过程才能转换为可显现的和确定的能力，而一个人认知层次的高低就决定于这个转换过程的效率和质量。

学会认知的过程必定要伴随着知识的学习和解决问题的实践活动，但很多人却把知识学习的结果错认为认知本身和认知层次高低的表现。学会认知的过程是一个人终生的实践活动，是学会学习的底层逻辑和必要基础，也是人生最重要的意义和价值之一。

值得注意的是，一些人没有接受过正规教育过程或只接受过较少的正规学校教育，但其认知能力和认知层次却很高，而很多接受过多年正规学校教育过程的人，其认知能力和认知层次却并不高，这些现象值得人们深思。

教学的舞台不是教师的独角戏，还需要学习者主动认知和配合。在学习共同体中，学生必须改变原有的填鸭式思想，在教师的引导下，积极摆正心态，认清自己的位置。我们是主动意义的建构者，而不是被动地接受外在信息，学习者可以根据先前认知结构主动地和有选择性地知觉外在信息，建构当前事物的意义。在这个过程中，学生由被动学习者转变为学习活动积极的参与者和主动的探究者。学生必须发挥自己的主体意识和元认知能力，学会自我控制、自我评价以及自我发展，体现出学习者的主动性和参与性。另一方面，要学会了解、理解别人的想法，并不断地分析、反思和判断，从而对知识产生新的思考和洞察。知识是个体与他人经由磋商并达成一致的社会建构，科学的学习必须通过对话、沟通的方式，大家提出不同看法以刺激个体反省思考，在交互质疑辩证的过程中，以各种不同的方法解决问题，澄清所生的疑虑，逐渐完成知识的建构，形成正式的科学知识。对学习者而言，首先要在教师的引导下，对学习共同体的组成形式及意义进行认识，从心里去接受它，然后针对研究课题，发挥自己的主观能动，在教师的协助及同伴的合作下积极去思索、去开发，寻求欲知的问题。

4. 从个人视界到理解他人

一方面要包容他人、相互信任。在学习共同体内，异质的话语、思考和文化不是被消灭的对象，而是作为相互借鉴和学习的资源加以利用。由"OK"理论我们可以知道，只要有一方不满意，就会造成组织中的信任阻力，影响组织进度及其效果，同时这个理论也指明了建立组织成员之间互相信任的途径就是双方都必须基于一定的满意度。信任感是大学学习共同体成员实现自我知识"建构"的基础，它可以消除"枪打出头鸟"的隐患，让我们能够更好地展现自我、容纳他人，学会尊重、学会信任、学会包容，敢于接纳别人的意见，并时刻明白这个团队里有的是"我们"，而不单是"我"。例如在活动中同学们应积极思索、踊跃提议，清楚认识到，这个时候不论对与错，没有人会去批评指责你，这只是个探讨的过程，你的对能得到老师和大家的肯定，错也只是为其他同学明示了思考的方向，完善了自己的想法。信任是一切的基础，一定要摆正心态、彼此相信、不卑不亢，积极展现自我、认同他人、寻求答案。

另一方面要知识分享、交流协作。在学习共同体中，学习者需相互学习、相互探讨，在探讨中了解各自的想法，验证想法的合理性、可行性，对话、协作与交流，受到空前的重视，成为一种常态的学习方式。通过与别人的知识分享，有利于进行新的发现，不但能够"知道自己知道的"，而且通过别人的点拨和提醒，进而达到"知道自己不知道的"和"不知道自己知道的"（忘记的知识）这两种境界。知识分享所达到的效果，不是简单的二者之和，而是 1+1>2。学习者可以围绕当前学习的主题进行讨论交流，各自形成自己的判断，表达自己对问题的理解以及解决问题的不同思路，相互分享各自的想法，相互解疑、争辩和评价，相互合作解决各种问题。这种交流合作可以丰富学习者的理解，同时也会引发他们对各种理解的批判性评价以及对自己原有想法的进一步反思。

5. 搞好教学优化工作

适合学生的教学需要不断探索和完善。在教学活动中，学习的主体是学生，效果如何，路子对不对，还得由学生来定论。为了让学生学得更好，我经常在学生中以问卷调查、个别座谈、给教师写信、课堂讨论等方式了解学生的学习效果。调查的内容灵活多样，可以随时调整。选取一段时间，教师可以做如下调查：谁学得最好？谁的进步最快？他（她）是怎样学习的？你在这段时间里，哪次课或哪段时间学得最好、最轻松？哪课或哪几课容易学一些？是死记硬背好，还是个人的学习方法好？可以开展哪些活动？通过学习，你最大的收获是什么？你最满意的是什么？你最不满意的是什么？等等。根据调查结果，及时调整教学方法，不断总结经验教训，逐步确定了一套可操作的教学流程："通读教材——提出问题——教师点拨——阅读思考——交流展示——对比总结——弥补不足——巩固提高。"

通读教材是整个流程的首要环节，它将影响到以后学习的效果。当然，随着教材内容的变化和学生个体的差异，阅读的效果是不同的。但坚持下去，让学生用心去读，必有好处。

提出问题。在通读教材时，学生会产生这样那样的问题，可以由学生自行归纳，以问题的形式提出质疑。

教师点拨。在学生提出问题后，教师作方向性提示，然后由学生自己去解决。

阅读思考。经教师点拨后，让学生通过查找、勾划、讨论等方式把疑问弄清楚，把问题弄明白。这是"研究性学习"很重要的一环。

交流展示。这是学生实现自身研究价值，将自己的研究成果共享的过程。它可以是表演具体情境让人们感受，也可以举事例印证，还可以说说自己的感受、做法等。这一环节有激发学生的学习欲望、鼓励学生再探究的作用，还能活跃课堂气氛。同时，还可以为学生提供一次次思想大碰撞、资源大交换的机会，有利于学生的共同提高。

大多数教师需要快速获得与自己教学相吻合的应用资源。但是，无论是企业提供的资源还是活动共享的资源，绝大多数难以满足教师的实际需要。教师自己做课件存在很多困难和障碍，要么水平低，做不出来高质量的，要么没有足够时间研磨等。

现有的资源大多数并不是好的资源。主要原因是信息技术的应用，更多的是贴到技术原有的教育教学上去了。要想有好的资源，首先，需要针对问题研究出新的教学和学习思路、方式方法，再根据新教学体系的需要研发资源才可能是好的资源。

不同地区、不同学校的教师，学生情况不尽相同，教学思路必然有一定的差异。因此，对于教学资源的需求也会存在差异。让每一个教师都按照教学差异分别准备教学课件和学生学习所需要的资源，几乎是不可能的。最好的办法是以区域为单位，至少以学校为单位，选拔种子教师，请学科专家、融合创新应用专家、技术工程师联合打造和支持种子教师，使种子教师能够常态化上课，组织学生开展学习活动，在常态化应用过程中形成本地化应用资源。在此基础上，推广到全体教师应用，并引领其他教师开展融合创新应用工作。

依据学科学习目标，确定学习大数据框架，并在教与学动态过程中，为每个学生建立起完整的学习大数据。基于学习大数据，实现教与学过程监测与调控。依据学生学习大数据，建立起学生每一个知识点、单元册和整个学科的学习调控体系，帮助学生及时调整学习层次、学习方式，使学生找到适合自己的学习层次和方式，完成相应问题和任务的学习。依据全班学生总体学习情况大数据，教师及时调整教学安排，及时调整为学生个性化学习所提供的学习路网和建议的学习方式。依据所有教师实际教学情况，教研部门将有共性问题的教师组织在一起开展有针对性的研修活动等。真正通过大数据和"互联网+"实现教学和学习的精准调控与管理。

第六章　教育信息技术与课程整合

第一节　教育信息技术与课程整合概述

一、教育信息技术与课程整合的概念

在讨论信息技术与课程整合之前，我们有必要对将要出现的概念术语做一个解析和规范，以确定讨论的概念范畴，避免在认识和讨论中发生混淆和误解。信息技术与课程整合的核心概念之一就是"课程"，如何理解"课程"将直接影响我们对信息技术与课程整合的理解和把握。

（一）课程

谈及信息技术与课程整合，首先应该理解课程是什么。1989 年，郭元祥先生和施良方先生就"关于课程问题的四十年学术争鸣"这一课题进行研究时，收集了国内外关于课程的 50 多种定义，发现关于课程的定义，从广义到狭义、从词语本义到引申义、从要素到功能、从课程设计者到实施者、从静态到动态、从过程到结果、从设计到评价，应有尽有。但是这些众多的定义还是可以归为两大类：其一是日常话语的课程概念；其二是学术话语的课程概念。作为日常话语的课程概念，也就是人们在日常生活中对课程产生的具有经验主义特征的理解；作为学术话语的课程概念，严格来说，也是来自于生活经验，不过它对课程做了更为广泛而深刻的理性思考和界定。日常话语形态的解释和学术话语形态的解释在一定条件下是可以相互转化的。

什么是课程？日常话语的课程概念是指"学问和学科"，而通常又以"学科"的理解为主，比如语文课程、数学课程，等等。它可以指"一门学科"，也可以指"学科的总和"。这种对于课程的理解最接近我们的经验世界。因此，这种理解对于我们的教育实践影响也最大，由于它和我们的直观理解很接近，因而也最容易被接受。但是这一日常话语概念的理解并不能准确说明"课程"，因此有必要在此讨论在"新课程改革"中的一系列教育观念的转变，以统一认识。理解课程并不是一个独立的事件，必须考虑整个教

育全局的要求。所以，正确认识和处理信息技术与课程的整合，必须树立全新的教育观念。我们将课程中所包含的要素逐一进行理解，以求全面把握课程的含义。

1. 课程即经验

除了将课程理解为"学科"以外，还有诸如"课程即书面的教学计划""课程即预期的学习结果或目标""课程即学习经验""课程即有指导的学习活动""课程即文化再生产"等各种理解形式。这些理解形式并不相互排斥，它们从不同的独立视角揭示了课程的本质。

在此，我们将课程理解为"有指导的学习经验"。正如美国学者泰勒（R. W.Tyler）认为，唯有学习经验，才是学生实际认识到的或意识到的课程。其中"有指导"意含了"有计划的一样、有意图的意思，即充分肯定了教师及教育机构的教育意志。我国著名教育学家陶行知先生就认为：生活过程是受教育的过程，人的一生应在不断的教育中延续和发展。陶行知所提倡的这种"教育即生活"的思想理念，正是一种"课程即经验"的体现。很显然，"经验的获取和积累"是理解新课观观念的核心。

2. 教材即范例

这一理解把教材看成引导学生认知发展、生活学习、人格建构的一种范例，不是学生必须完全接受的对象和内容，而是引起学生认知、分析、理解事物并进行反思、批判和建构意义的中介，是案例或范例。我国著名教育家叶圣陶先生早在 20 世纪 30 年代就认为："教科书和讲义还只是一个纲要，比'课程标准'规定的内容纲要略为详明的纲要。单凭这个略为详明的纲要来学习是不济事的……"所以在整个教学活动过程中，教材应该作为一种范例，应该强调教材是学生发展的"文化中介"，是师生进行对话的"话题"。

3. 教室是实验室

教室不是教师表演的舞台，而是师生之间交往、互动的舞台；教室不是对学生进行训练的场所，而是引导学生发展的场所；教室不只是传授知识的场所，更应该是探究知识的场所；教室不是教师教学行为模式化运作的场所，而是教师教育教学智慧充分展现的场所；教室是师生从事知识建构与发展的"实验室"，不是单纯接受知识的"讲课室"。

4. 教学是对话、交流与知识创生的活动

教学本质上是以对话、交流、合作等为基础的知识建构活动，失去了

沟通（社会性交往）的教学是不可想象的。因此，没有沟通就没有教学。在教与学的社会关系中，师生之间不是命令与服从的关系，而是平等的"你我"关系，双方互相尊重、互相信任、真诚交往，共同探求真理、交流人生体验。在这里，教师的权威不是凭借制度的力量，而是在师生之间的对话、交流与知识建构的活动中自然而然形成的。

5．教师即研究者

教师不再只是一个课程知识的被动传递者，而是一个主动的调试者、研究者和创造者；教师不再只是一个真理的垄断者和宣传者，而是一个学生学习的促进者、帮助者，是真理的追求者和探索者。在全新的教育观念下应当要树立一个积极的、能动的教师形象。

6．学生是知识的建构者

学习是经验的重新组织和重新理解的过程，学生是这个过程的主体，对整个学习过程有着自主、自控、自调节的权利，在新的教育观念指导下，学生的角色随之也发生了很大的转变，具体来说，学生由原来的回答者变为了问题的质疑者，由原来的听课者变为学习的参与者，由原来的解题者变为出题者，等等。总之，学生不再是被动地接受知识，而是主动地进行知识的建构。

（二）整合

信息技术与课程整合不是简单地将信息技术添加到课程中去，也不是简单地将多媒体搬进教室。所谓"整合"，即是将新元素完全有机地融入某个系统中去，成为新系统中不可或缺的一部分。格式塔心理学以"完形"的概念来界定"整体"：一个整体所强调的不是其孤立的各个组成元素，而是强调其元素间的相互关系，这些关系才是构成整体的实质所在。

信息技术与课程整合应该从课程的各个方面入手，其中任何一个方面出现问题，整合的效果都会受到影响。有人认为信息技术与课程整合只局限在教师与学生的具体活动之中，这显然过于狭隘，说明这种整合没有真正地从课程的视角去思考，因此，并不是真正意义上的课程整合。信息技术与课程整合应该考虑总体课程目标、总体课程的内容、总体课程的组织、科目单元、单元学习方案中具体学习活动等，应该与课程的各个要素进行整合，并且还要与各种类型的课程进行整合，这种整合应该是全方位的整合。

（三）信息技术与课程整合概念

信息技术与课程的整合因为克服了"简单相加"的机械性而体现出了一种创造性，所以有效的整合应该是一种创造性的智慧活动。同样的媒体、技术、方法、策略和课程，从不同的整合结果来看，肯定是不一样的，有优有劣。整合必然反映不同水平，也体现出不同的智慧性。所以，我们应当鼓励创造性地将信息技术与课程整合起来，以期望真正能有效甚至是高效地促进和优化教学。

二、教育信息技术与课程整合的目标与意义

信息技术与课程整合的宏观目标是：带动数字化教育环境建设，推进教育的信息化进程，促进中小学教学方式的根本性变革，培养学生的创新精神和实践能力，实现信息技术环境下的素质教育与创新教育。其具体目标可以概述为以下三点：

（一）培养学习者具有终身学习的态度和能力

终身学习就是要求学习者能够根据社会和工作的需要，确定继续学习的目标，并有意识地自我计划、自我管理、自主努力，通过多种途径实现学习目标的过程。

学习资源的全球共享，虚拟课堂、虚拟学校的出现，现代远程教育的兴起，使人们可以随时随地通过 Internet 进行学习，教育信息化为人们从接受一次性教育向终身学习转变提供了机遇和条件。为了适应新的学习和工作方式，教育必须进行深刻变革：使教学个性化、学习自主化、作业协同化，培养学生学会学习、学会在学习过程中与他人进行协作与合作的能力，培养学生具有终身学习的态度意识。

（二）培养学习者具有良好的信息素养

教育信息化为终身学习带来了机遇，学习者只有具备良好的信息素养，才能把终身学习看成是自己的责任，才能够理解信息所带来的知识，并形成自己的知识结构。信息技术与课程整合正是培养学习者形成这些必备技能和素养的有效途径。

广义的信息素养包括信息意识、信息知识、信息能力和道德四方面的素质；狭义的信息素养通常指信息能力。信息技术与课程整合就是要培养

学习者这些方面的素养，其中信息知识是指学习者要熟悉与信息技术相关的常用术语和符号、了解与信息技术相关的文化及其背景、熟知与信息获取和使用有关的法律和规范；信息能力是核心，要求学习者有对信息的挑选、获取、分析、加工、创造、传递、利用、评价和系统安全防范的能力；信息意识是要培养学习者对客观事物中有价值信息的觉察、认识和力图加以利用的强烈愿望，要有信息抢先意识、信息忧患意识；信息道德的主要内容是要求学习者诚实守信、实事求是，在信息传递、交流、开发利用等方面服务群众、奉献社会，并且要努力促使学习者自觉遵守一定的信息伦理道德标准来规范其自身的信息行为与活动。

（三）培养学习者掌握信息时代的学习方式

在信息技术支撑下的学习环境中，人们的学习方式会发生重要变化。学习者主要是利用信息化平台和数字化资源获取知识，而不再是依赖于教师的讲授与对课本的学习。教师、学生之间开展协商讨论、合作学习，并通过对资源收集利用、探究知识、发现知识、创造知识、展示知识的方式进行学习。因此，通过信息技术与课程整合，要使学生掌握信息时代的学习方式：

（1）利用资源进行学习。

（2）在数字化情境中进行自主发现学习。

（3）利用网络通信工具进行协商交流、合作讨论式学习。

（4）利用信息加工工具和创作平台进行实践、创造学习。

三、信息技术与课程整合的基本原则

信息技术与课程整合不等于信息技术与课程混合，对于各学科教师来说要掌握一定的信息技术，应该清楚信息技术的优势和不足，以一定教育理论为指导，根据自身学科教学及教学对象的需求，设法找到信息技术在本学科哪些地方能优化教学效果，合理恰当地实施信息技术与课程整合。具体来说，信息技术和学科课程在整合时需要遵循以下基本原则：

（一）兼收并蓄，综合运用理论指导信息技术与课程整合的实践

行为主义、认知主义、建构主义、人本主义等学习理论，教育技术、绩效技术等理论和学派观点为信息技术与课程整合奠定了坚实的理论基础，

每一种理论都具有指导性。但是在实践中绝对没有哪一种理论显现出普遍的合理性和通用性。换言之，无论哪一个理论都不可能涵盖其他的理论而成为唯一的理论指导和基础。所以在信息技术与课程整合的应用实践中应该兼取各种理论的合理成分，根据教学对象、教学内容及教学媒体等多种变量，运用理论并指导实践。

（二）根据教学对象选择整合策略

不同的学习者有不同的学习风格和所属的学习类型，如听觉型、视觉型、动觉型等。人的思维类型也可按抽象思维、具体思维、有序思维和随机思维进行各种组合。不同的学习类型和思维类型的学习者的学习成效与他们所选择的学习环境和学习方法有关。因此信息技术与课程整合应该根据不同的教学对象，实施多样化、多元化的整合策略，以便最大限度地挖掘每一个学习者的潜能，更好地发挥其个性优势，使其以最适合自己的方式从事学习。

（三）根据学科特点决定整合方法

每个学科都有其固有的知识结构和学科特点，对学生的要求也有所不同。在整合过程中对于不同的学科，既要有相同的整合原则，也要根据学科的特点采用不同的整合策略。

（四）为学生的发展而进行信息技术与课程整合

知识技能本身并不是教育的目的，教学的意义在于促进个人的发展。学校教育应从促进学生发展出发，以学生的个性实现和完善为根本宗旨，为所有学生将来的发展和成功奠定腾飞的平台。日新月异的信息技术要求我们用新的标准和内涵来重新审视为了生存和成功所必备的技能，而技能的培养必须在适宜的环境和氛围中，即信息技术与学科课程整合的全新的教学方式中完成。

（五）通过信息技术与课程整合促进学生全面发展

多元智力的存在，使得每一个学习者的个人智力都各具特点，这也导致了每个学习者的智力强项各不相同。信息技术与课程整合应该树立给予不同智力强项的学习者同等尊重的理念，寻找调动学习者多方面的智力的整合策略，帮助学习者将智力强项特点迁移到弱项领域，使学习者从多方面发展多种智力，促进自身全面的发展。

第二节　教育信息技术与课程要素的整合

一、教育信息技术与课程空间要素的整合

课程的空间要素包括了课程研制者、课程学习者、课程内容和环境四个方面。信息技术与课程空间要素的整合，主要指信息技术与课程的这四个空间要素的整合。信息技术与课程整合的基本策略要从课程空间要素角度出发，就应该包括基于课程研制者的整合、基于学习者的整合、基于课程内容的整合和基于环境的整合。除此之外，最终还应该有"以学习为本"的课程空间要素组合关系的综合整合。下面我们将对课程空间各要素进行分别介绍：

（一）关于课程编制者

课程编制者主要指对课程进行编排、组织，并能够形成一定的方案或计划等的有关人员，上到有关的教育行政官员、课程专家或教育技术专家，下至学校校长以及课程具体实施人员即教师。在这一空间要素上基于课程编制者的整合，主要就是通过各种培训或其他研究形式，使课程编者们学习与课程有关的基本知识、基本理论，掌握现代信息技术，具备一定的课程素养和信息素养，并在此基础上形成开展信息技术与课程整合的基本技能，提高信息化课程的研制能力，在各个层面上研制开发出符合时代需要、满足学生发展需求的信息化课程。同时在课程研制开发的过程中，课程编制者也要充分利用信息技术，收集、加工、处理整合各种信息。在编制文字教材的同时，综合利用现代信息技术，设计、开发与教材同步配套的教学软件。

（二）关于课程学习者

课程学习者主要是指学生，是学习课程的人。从学习者的角度来说，在这一要素上的信息技术与课程整合就是要利用信息技术来营造一种师生之间相互平等、相互尊重、共享自由的关系和氛围。需要指出的是，学习者实质上也是课程研制者的一个有机组成部分，但在传统课程的研制过程

中，往往都忽视了学生研制者这一有机组成，所以在这方面的整合策略还需要建立有关制度以确立学习者的课程研制者地位。培养学习者的课程整合意识、行为和能力，组织他们参与信息技术与课程整合的设计、实施和评价的全过程。在课程的学习过程中，以及在参与课程研制过程中，学会利用信息技术获取信息，处理加工信息，建构自己的知识体系，学会利用信息技术与学科专家、教师、家长、学习伙伴等进行交流，同时还要不断地培养自己的信息道德素养，在整合实践中得到提高和发展。

（三）关于课程内容

课程内容是指各门学科中特定的事实、观点、原理和问题，以及处理它们的方式，它是学习的对象，源于社会文化，并随着社会文化的发展而不断更新变化。基于课程内容的整合，主要策略有以下三个方面：一是要将信息技术作为课程内容，并且要确立和加强其地位；二是其他有价值的课程内容，并且适宜用信息技术作为其载体的，要充分利用信息技术来加以传播；三是信息技术并非万能技术，还需要为那些无法用信息技术符号来加以表达的内容保留其必需的空间，比如缄默知识或意会知识。

（四）关于环境

课程要素中所提到的环境，是指影响人的学习生命存在及其活动的各种文化因素的总和，它包括了对人的学习具有影响作用的各种空间内的各种文化因素，同时也包括了时间进程中的各种文化因素。从空间上看，环境是一种特殊的实体性存在，包括了校园环境和社区环境，其中校园环境具体来说包括教室环境（如实验室、教学场地等）和宿舍环境；社区环境包括家庭环境在内。通常提到的教学环境，如果从人的学习生命存在及其活动功能实现与现存状态的角度来看，其内容就更加丰富，包括了生理文化环境、心理文化环境、物质文化环境、交往文化环境、符号文化环境和活动文化环境，等等。

从目前信息技术与课程整合的认识和实践来看，基于环境的整合几乎是被忽视的，信息技术的建设还停留于对教育教学硬件设备、软件资源的添置上。因此在信息技术与课程整合中，基于环境的整合还有待进一步的开发，具体来说就是要从促进功能性的生理文化、心理文化、物质文化、交往文化、符号文化以及活动文化等环境信息化出发，统一地组织开展实体性的校园环境、社区环境等方面的建设，目前在各级各类学校中基于环境整合的核心和重点就是信息化校园环境的建设。

（五）关于以人的学习为本的课程空间结构

信息技术与课程整合，在基于上述课程四个空间要素整合的同时，还需要进一步采取"以人的学习为本"的课程空间结构的综合整合策略，实质上就是优化并建构信息化学习的课程空间性要素之间的关系。我国著名的教育技术专家李克东教授提出，"数字化学习是实现信息技术与课程整合的核心按照这一思路，优化并建构课程空间性要素之间的关系，可以通过以下三种数字化学习来实现：一是"学习信息技术"（Learn about IT，缩写为 L-a-bout IT），将信息技术作为对象的学习，主要包括对信息技术课程内容的学习，对信息技术基本技能的掌握，以及信息技术对社会的影响和作用的了解；二是"用信息技术来进行学习"（Learn with IT，缩写为 L-with IT），使信息技术成为教师、学生进行教与学活动的工具；三是"在信息技术中学习"（Learn in IT，缩写为 L-in IT），基于信息技术的教育文化环境开发，这种环境包括了物理环境、资源环境、社会性环境三个方面。

二、教育信息技术与课程时间要素的整合

信息技术与课程的整合，需要贯穿上述七个环节构成的课程研制全过程，同时这也就决定了课程研制系统的历时态结构的整合策略，它包括：形成信息化课程理念、研制信息化课程目标、选择信息化内容、建构信息化课程结构、实现学习经验转化、创新信息化课程实施活动样式，发展信息化课程评价技术和方法及其关系优化的建构信息化课程研制过程模式。这些策略或者说这些要素的相互关系、时序逻辑的理解见图 6-1：

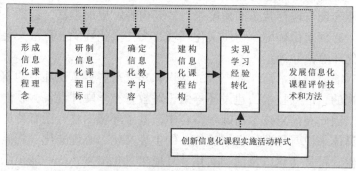

图 6-1　课程时间要素的时序图

这七个环节在整个教学过程中担当着重要的角色，就像空调系统中的各个组成部分一样，为了达到教学预期的目标，必须有效地合作，不过分强调其中某一个环节，但也要准确指定每个组成环节对所要到达的目标做出的贡献，以及它们之间存在的相互关系。七个环节层层递进，下面我们将对每一个环节做简要介绍：

（一）形成信息化课程理念

要实现信息技术与课程时间要素的整合，首先就要求在具体实施整合之前，课程研制者要形成一种信息化课程理念。理念指导着课程研制者的实践活动。这一步很重要，它直接关系着下面要素整合的成败与否。要形成信息化课程理念也就是要形成信息化课程哲学，这样的哲学包括一般的理念和个性化的理念两个部分，个性化部分具有地方和学校甚至开发者的特征。信息化课程理念有社会、个人、知识和自然等资源，其中信息文化哲学、学习心理学、信息技术以及生态主义是主要资源。

（二）研制信息化课程目标

信息化课程目标，是以当代教育目标分类学为基础，突出信息文化发展需要而形成的、对学习者通过课程学习后应该表现出来的可见行为的具体的、明确的表述，是一系列可参照执行的基本标准。在我国，至今还缺乏一套具有科学性、系统性和操作性的教育目标分类体系，这严重地制约了教育目标和课程目标的研制。这些需要我们一方面投入力量建构我国的教育目标分类体系，另一方面在尽可能开发已有教育目标理论资源基础上，结合信息技术的特点、结合课程的实际需要，研制信息化课程目标。

（三）选择信息化内容

选择信息化内容主要是指在选择一般文化内容的基础上，还要选择代表信息文化发展方向的信息技术的精华，有机地将两者融合渗透，重点突出信息技术与一般文化内容之间关联性的内容，拓展学生学习内容的范围，改变传统课程内容单一、固化、相互分离的现象。

（四）建构信息化课程结构

课程结构是指课程各部分的组织和配合，即探讨课程各组成部分如何有机地联系在一起的问题。信息化课程结构包括了形式结构和实质结构，在形式层面，信息化课程是以学生学习为本的课程，这要求我国信息化课程结构要从已有的"学科"结构走向"学习领域"结构。这也是世界范围课程改革中"结构"重建的新趋势。在实质层面，需要在各个"学习领域"贯穿信息文化的内容。

（五）实现学习经验转化

在我国课程中，一直是"内容"观念占据支配地位，缺乏"经验"的观念。经验是学生在对所从事的学习活动的思考中形成的。信息技术与课程整合要实现的是让学生在课程中体验到意义，而不是要学生复述事实或要学生演示某一行为。在传统的课程中，"内容"被异化为与学习者分离的特殊文化，教育被异化为从外部将"内容"灌输给学生的过程。为解决这一问题，就需要建构一种"内容—经验"观念，通过课程组织新方式，实现从"内容"向"经验"的转化。这就要求我们认识内容与学习者的适切性，基于信息技术将内容整合融入学习环境的各种条件之中，这些条件必须是学习者感兴趣的，与他们实际生活有所联系的，并能对其做出反应。这是我们开发隐蔽课程或教学环境、开发多媒体网络课程以及组织基于信息技术的各种实践活动的一个基本原则。

（六）创新信息化课程实施活动样式

课程实施是指把新的课程计划付诸实践的过程，其研究关注的焦点是课程计划实际发生的情况，以及影响课程实施的种种因素。信息化课程实施活动则是指在信息化课程实施过程中开展的各种教学或学习活动，如教学、自学、管理以及其他各种活动。根据活动主体的不同，可以将之分为教师的教授活动、学习者的学习活动以及师生互动的教与学的活动。创新信息化课程实施活动样式，需要分别建构基于信息技术的、以现代教授策略为核心的教授活动样式、以现代学习策略为核心的学习活动样式和以现代教学策略为核心的师生互动性的教学活动样式。目前在学校教育中应用得较多的活动有探究学习、研究学习、发现学习、活动学习以及合作学习等。这一环节是对实现学习经验转化的促进，通过多样性的实施活动，促进学习经验的更好转化。从图 6-1 中我们也可以看到这一环节不是与其他六个环节处于平行的位置，而是针对第五个环节实现学习经验的转化和吸收。

（七）发展信息化课程评价技术和方法

课程评价是指研究课程价值的过程，是由判断课程在促进学生学习方面的价值活动构成的。随着现代信息技术的发展，新的技术手段和方法逐步渗透到评价方案中，进一步提出了评价方案的全面性和评价操作的便捷性等方面的客观要求。借助于信息技术和互联网，可以将全面而复杂的评价内容和评价方式数字化，并且实现操作过程的便捷性，从而推进现代课程评价的发展和应用。

这一环节不仅仅是七个环节的结束，同时它又是这个时间要素整合过程的新开端，它对其他环节起到了修正改进的作用，通过评价，不断修正前面的环节，使整个系统更适合整合需要，更满足整合要求。

上述七种途径既相对独立，又具有内在关联，这种关联需要我们通过"整体"地建构信息化课程研制过程模式来加以沟通和实现。课程研制既具有空间上"全国"的、"地方"的、"学校"的和"班级"的不同层次，还具有研制主体的差异性。这决定着信息化课程研制模式必然具有多样性。我们需要发挥创造性，开发出多样化的信息化课程研制过程模式。

第三节　教育信息技术与课程整合的形态

一、教育信息技术作为学习内容（L-about IT）

L-about IT 直译是"学习信息技术"，就是将信息技术作为一个专门的学科开设，旨在让人们掌握 21 世纪人们赖以生存的重要工具——信息技术。信息技术既是一个独立的学科分支，又是所有学科发展的基础。信息技术既是一个重要的技术分支，又深化为改造人类生产与生活方式的基本手段。信息技术因信息交流需要而产生和发展，信息技术的进步又扩展了信息交流的时间与空间。文化形成和发展的最本质要求是交流，随着信息技术越来越广泛地渗透到教育、经济和政治等领域，席卷全球的信息文化业已形成，并推动着全社会的"文化重塑"，促进着社会的发展。从社会发展的现实出发，开设信息技术科目，是为培养适应信息社会未来公民奠定基础，是我们国家在全球性信息化建设竞争进程中，抓住机遇，赶上世界发展的步伐，抢占制高点的必要保证。

信息技术课程是以提升学生的信息素养为根本出发点，将信息技术作为学习对象，让学习者学习信息技术的基本知识，学习信息技术的基本技能和基本工具的使用，掌握一定的信息技术技能。但同时，信息技术课程的开设并不是仅仅为了学习信息技术本身，更重要的是要让学生形成个性化的发展，学会运用信息技术促进交流与合作，拓展视野，勇于创新，提高思考与决策水平，形成利用信息技术解决问题的习惯和能力，形成终身学习的理念，明确信息社会公民的权利与义务、伦理与法规，形成与信息社会相适应的价值观与责任感，为适应未来学习型社会提供必要保证。根据信息技术新课标(课程标准)，信息技术作为学科科目、作为学生学习的对象包含了以下三个方面的内容：

（一）知识与技能

（1）学习者能够理解信息及信息技术的概念与特征，了解利用信息技术获取、加工、管理、表达与交流信息的基本工作原理，了解信息技术的发展趋势。

（2）通过学习，学习者能熟练地使用常用的信息技术工具，初步形成自主学习信息技术的能力，能适应信息技术的发展变化。

（四）过程与方法

（1）学习者能从日常生活、学习中发现或归纳需要利用信息和信息技术解决的问题，能通过问题分析确定信息需求。

（2）能根据任务的要求，确定所需信息的类型和来源，能评价信息的真实性、准确性和相关性。

（3）能选择合适的信息技术进行有效的信息采集、存储和管理。

（4）能采用适当的工具和方式呈现信息、发表观点、交流思想、开展合作。

（5）能熟练运用信息技术，通过有计划的、合理的信息加工进行创造性探索或解决实际问题，如辅助其他学科学习、完成信息作品等。

（6）能对自己和他人的信息活动过程和结果进行评价，能归纳利用信息技术解决问题的基本思想方法。

（五）情感态度与价值观

（1）学习者通过对信息技术的学习，能够体验信息技术蕴含的文化内涵，激发和保持对信息技术的求知欲，形成积极主动的学习和使用信息技术、参与信息活动的态度。

（2）能辩证地认识信息技术对社会发展、科技进步和日常生活学习的影响。

（3）能理解并遵守与信息活动相关的伦理道德与法律法规，负责任地、安全地、健康地使用信息技术。

二、教育信息技术作为学习工具(L-with IT)

仅从字面翻译上来看，L-with IT 就是"用信息技术来进行学习"，即是把信息技术作为学生学习、教师教学的工具。下面我们就分别从教师的角度和学生的角度来分析和阐述 L-with IT 模式，并介绍其典型的应用。

（一）信息技术作为教师教学的辅助工具

把信息技术作为教师教学的辅助工具，是从教师的角度出发，具体来说，信息技术主要扮演了如下这几种工具角色：演示工具、信息交流工具、信息加工工具、测评工具等。

1．演示工具

信息技术作为演示工具，这是信息技术整合于学科课程的最初表现形式，也是目前绝大多数基础教育和高等教育普遍采取的整合形式。教师使用现成的计算机辅助教学软件或多媒体素材库，选择其中合适的部分用在自己的讲解中；或利用电子演示文稿 PowerPoint 以及其他一些多媒体制作工具，综合使用各种教学素材，编写自己的演示文稿或多媒体课件，清楚地说明讲解的结构，形象地演示其中某些难以理解的内容，例如用图表、动画等展示动态的变化过程和理论模型等。另外，教师也可以利用模拟软件或者计算机外接传感器来演示某些实验现象，帮助学生理解所学的知识。这样，通过合理的设计与选择，计算机代替了幻灯、投影、粉笔、黑板等传统媒体，实现了它们无法实现的教育功能。

当然，这里指的信息技术作为演示工具并不是一种装饰或点缀，如果信息技术的使用达不到投影、幻灯、录像甚至是粉笔加黑板那样的教学效果，或者只是简单地代替了投影、幻灯、录像等媒体，成为教学的一种装饰或点缀，那使用就毫无意义。

2．信息交流工具

信息技术作为交流工具就是指将信息技术以辅助教学的方式引入教学

中，主要完成师生之间交流的作用，教师利用信息技术与学生就学习、情感等方面进行交流。要实现上述目的，并不需要复杂的信息技术，只需在有互联网或局域网的硬件环境下，采用简单的电子公告板（BBS）、聊天室等工具即可。教师可根据教学的需要或学生的兴趣开设一些专题或聊天室，如"我需要帮助""老师优劣之我见"等，并赋予学生自由开辟专题和聊天室的权利，使他们在课后有机会对课程的形式、教师的优缺点、无法解决的问题等进行充分的交流。除此之外，教师要需要利用信息技术与家长就学生的情况进行交流、与其他教师在教学和科研方面广泛地合作与交流、与教育管理人员就教育管理工作进行沟通、与学科专家和教育技术专家就教育技术的应用进行交流，等等。

3. 信息加工工具

信息技术作为教师的信息加工工具，主要是指教师利用信息技术，如文字处理工具、电子文稿编辑工具、网页制作工具等对要教授的知识进行重构，不拘泥于书本，不拘泥于某单一学科，在重构过程中将一些已有的相关实践或思考认识的结果融入进来，以使得教学信息更加丰富。

4. 测评工具

信息技术作为测评工具主要是指教师在课程教学过程中，利用信息技术一方面来指导学生进行自测评价，了解学生学习的效果，另一方面教师对自己的教学进行自测评价，随时改进教学过程、组织有效的教学活动。例如，教师可以利用数据库建立形成性练习题库，利用社会科学统计软件包（Statistics Package for Social Sciences，缩写为 SPSS）统计分析或学习反应信息分析系统和方法对学生以及教师本人进行评价。

（二）信息技术作为学生学习的工具

把信息技术作为学生学习的工具，具体来说，信息技术主要扮演了如下这几种工具角色：信息加工工具、信息交流工具、个别化学习的工具、协作学习的工具、学习研发的工具。

1. 信息加工工具

信息技术作为学生信息加工工具，与信息技术作为教师信息加工工具是有所不同的。信息技术作为学生信息加工工具是从培养学生信息能力的角度出发，主要是培养学生获取信息、分析信息、加工信息的能力，强调学生在对大量信息进行快速提取、对信息进行重整、加工和再应用。例如，让学生写一篇作文《你最向往的地方》，学生就可以在网上自由遨游，选择祖国山河的壮丽一景，然后利用 Word、PowerPoint、WPS 或其他信息技术工具将文本、图形等进行重新加工，写出一篇精美、感人的作文。

2．信息交流工具

信息技术作为学生的交流工具，与信息技术辅助教师教学扮演信息交流工具的性质、形式、作用大致相同，如学生利用信息技术与教师就学习、情感等方面的问题进行交流，学生与学生之间进行交流，学生与家长之间进行交流，甚至可以通过信息技术让学生与学科专家进行交流，等等。

3．个别化学习的工具

随着信息技术的飞速发展，出现了大量的操练练习型软件和计算机辅助测验软件，让学生在练习和测验中巩固、熟悉所学的知识，决定下一步学习的方向，实现了个别化的学习。这些信息技术工具及其相应的教学软件实现教师职能的部分代替，如出题、评定等，因此在一定程度上注意了学生的个别差异，提高了学生学习的投入性。

4．协作学习的工具

与个别化学习相比，协作学习有利于促进学生高级认知能力的发展，有助于学生协作意识、技巧、能力、责任心等方面的素质培养，因而目前受到了广大教育工作者的普遍关注。而当今信息技术的发展又为协作学习提供了良好的技术基础和支持环境。计算机网络环境扩充了学生协作学习的范围，提供了丰富的情景，减少了协作的非必要精力支出。在基于 Internet 网络的协作学习过程中，基本的协作模式有四种：竞争、协同、伙伴和角色扮演，各种不同类型的协作学习对信息技术的要求程度各有不同。

5．学习研发的工具

虽然我们强调对信息的加工、处理，以及协作能力的培养，但最重要的还是要培养学生的探索能力、自己发现问题和解决问题的能力以及创造性思维能力，这才是教育的最终目标。在实现这种目标的教学中，信息技术扮演着学习研发工具的角色。很多工具型教学软件都可以为之提供很好的支持，例如中学数学教学中，几何画板可为学生提供自我动手、探索问题的机会：当面对问题时，学生可以通过思考和协作，提出自己的假设和推理，然后用几何画板进行验证；此外，学生还可以使用几何画板自己做实验来发现、总结一些数学规律和数学现象，如三角形的内角和为 180 度、圆周率的存在及计算等。随着信息技术的飞速发展，新的信息技术在教学中的应用更为学生的探索和学习提供了强有力的支持，如在经济学课程中，虚拟现实技术可以模拟真实的商业情境，让学生在各种真实、复杂的条件下做出决策和选择，提高学生对真实问题的解决能力等。

三、教育信息技术作为学习环境（L-in IT）

L-in IT 直译为"在信息技术中学习"，就是在信息技术构筑的环境中学习，在这样一种模式下，信息技术扮演了一个环境角色，这个环境包括了提供的物理环境、资源环境和社会大环境，这种模式一般融入前两种模式中，不单独发挥作用。

（一）提供物理环境

信息技术提供物理环境，主要是指由各种信息技术、信息传播媒体及其配套运作软件组成的物理环境，如设备、媒体等物质性环境。目前越来越多的中小学在加紧建设计算机室、多媒体综合电教。电子阅览室、多媒体语音室等，配置数字幻灯机、投影仪、实物展示平台等，信息技术物理环境的建设已初具规模。

随着信息技术本身的发展，这些原本独立的环境逐渐相互融合起来，形成了目前中小学中应用最为普遍和广泛的多媒体网络教室。一般来说，多媒体网络教室包括虚拟 Internet 教室、电子阅览室和多媒体语音室，其主要功能包括教学示范、广播教学、屏幕监视、资源共享、个别辅导、协作讨论、远程管理等。

多媒体网络教室是由学生机、教师机和数据库服务器组成。学生机和教师机组成多媒体教学网，而多媒体节目源则通过视频转换器与教师机相连，由教师直接控制。多媒体教学网的网络和数据处理由中心数据库服务器来完成，同时如打印机、扫描仪和投影仪等外设也将连到数据库服务器上，接受多媒体教学网的控制和支配。数据库服务器可以通过网间交换器和路由器直接与校园网和多媒体教学网连接，进行信息交流。

（二）提供资源环境

信息技术提供资源环境主要是指利用信息技术提供丰富的教学材料和资源，是以提供教学信息服务为主的系统。该系统的特点：一是拥有大量的信息资源；二是提供自由的访问。这些材料和资源是为教学目的而设计的，但有些资源并非为教育而设计，但因其具有教育利用价值而被用作为教学资源环境，如电子化图书馆。

利用信息技术构筑的资源环境，具有三个方面的性质：选择性、劣构性和开放性。所谓选择性是指资源环境作为一类学习支持系统，其中拥有藏量丰富的信息资源，可供学习者任意选择；所谓劣构性是指资源环境中的对象之间存在较弱的结构关系，不像教科书那样内容经过精心编排；所谓开放性是指学习者、适用时间、使用目标等方面都带有很大的自由度。

随着信息技术教育环境在中小学的不断完善，各种教学和学习资源也逐渐积累起来，这种在信息技术环境下，特别是在计算机和网络环境下的电子化教学和学习资源，包括了各种电子书籍、电子期刊、数据库、虚拟图书馆、电子百科、教育网站、电子论坛、虚拟软件库等。

（三）提供社会性环境

信息技术提供社会性环境，主要是指利用信息技术，特别是计算机和网络通信技术，可以为学习者之间、师生之间、师生家长三者之间创造和提供一个相互交流、相互学习的平台。

这种社会性的环境中既有真实的人人之间的交互行为，也有人与虚拟的学伴之间的交互行为。例如虚拟学伴，它主要是利用计算机来模拟教师和同级学生的行为，从而形成一个虚拟的社会学习系统。随着信息技术的不断发展，现今还可以利用网上群体虚拟现实工具 MUD/MOO（multiple-users dimension 或 multiple objectoriented）支持异步式学习交流，以这种形式来创建虚拟学社。这样一个虚拟学社提供了各种通讯工具，如 E-mail、电子报纸、文档、电子白板、虚拟教室等，来支持学生同伴之间、小组之间、甚至是班级之间的各种学习活动和校园文化。利用信息技术来提供这种社会性环境的实例除了上面提到的虚拟形式外还有很多，如协同实验室、虚拟教室等。协同实验室是对真实实验环境和虚拟实验平台的集成，它实现了基于网络的问题求解过程。协同实验室的学生组成一个个学习小组，所有学习小组构成为一个学习型社会。在实验过程中，只有组长能够控制实验器材，获取实验数据，其他成员只是向组长提供想法和观察实验结果。当然，组内的每一名成员都进行了明确的分工，各司其职，教师在整个实验过程中监控每一个成员的表现和实验结果。而虚拟教室(virtual classroom，简称VC)是指在计算机网络上利用信息技术构造的学习环境，让身处异地的教师和学生互相听得到、看得见，而且可以利用实时通讯功能实现传统物理教室中所能进行的大多数活动，还可以利用异步同信功能实现前所未有的教学活动，如异步辅导、异步讨论等。

外界传递的工具，有电子邮件、word 文档、电子期刊等，都会不同程度学生同伴之间、小组之间、甚至是班级之间的各种学习活动和校园文化联系起来。利用信息技术来提供这种社会性环境的实例除了上面提到的虚拟形式外还有很多，如统一合作的实验场所、模拟的实践场所。统一合作的场所把现实的实验情景与模拟的实践合成在一起，它是用高端的网络手段解决现实的问题，统一的实验场所把实践者分成很多个部分，所有实践小组都会组成一个小型社会。在整个过程中，只有组织者、领导者能够获取最大的资源，其他成员只是向组长表述想法和观察实验过程和结果。而且，每个部分的每名参与者都会有自己负责的方面，主体在整个过程中，对每名参与者的表现、成果进行把控。模拟场所是指用高端的网络技术建造的实践区域，使不在同一处的组织者与参与者都能够及时了解到所有的情况，还可以用网络边界的通讯功能，做到正常实践场所能做到的活动，还可以不同步教学。

第四节　教育信息技术与课程整合实践案例

一、信息技术与语文课程整合案例

《到山下去看树》教学设计
课题名称:《到山下去看树》
科目：语文
学生年级：小学五年级
课时：1 课时

（一）教学内容分析

文章所有的文段放在一起，用三个部分表示，首部分写战士们所处的自然环境十分艰苦，什么都没有，什么都看不见，唯一与外面能联系的是电话；其次是视察将军满足了他们到山下看树的愿望；最后的部分是当时的环境虽然艰苦，但也是作者最为怀念的日子。

读完文章，要让学生了解文章都讲了什么，大概内容是什么，让他们感受战士们所处环境的艰苦和怀念，让大家更珍惜现在的幸福生活，其中有三个感官体验知识点：高原生态环境的恶劣、高原边防战士生活的艰苦、胡杨树的特点。

（二）学习者特征分析

学生是小学五年级的学生，处在这一年级的学生，对很多事都好奇，喜欢钻研，也喜欢效仿。在之前的学习中，取得了一定阅读和利用 word 编辑文字的能力。对这篇文章能进行独立的阅读，但对作者所表达的情感还不能准确地理解。

（三）教学目标

学生通过本堂课能够：

（1）知识与技能

识记并能灵活运用本课生字以及相关的词语；

正确、流利、有感情地朗读课文，描述主要内容；

解释"将军缓缓地抬起手来，给我们敬了一个庄严的军礼"的含义。

（2）过程与方法

在教师的引导下，突出学生的体验学习。感受身处恶劣环境中战士们的责任感，体会战士们渴望到山下去看树的心情。

（3）情感态度与价值观

珍惜、热爱现实生活，培养默默奉献的崇高品质。

（四）教学策略选择与设计

教师利用计算机媒体集图、文、声、像于一体的优势，对学生进行多感官的刺激，向学生展示教学的内容，能很好地引导学生进入教学主题，同时在分析课文时，通过计算机提供虚拟的场景，增强学生对生活的间接体验，以达到对作者情感的理解。

（五）实践设备的准备

实践场所是网络多媒体影音教室。

带局域网教师监控软件的多媒体个人计算机、音箱。

教学资源：ppt 课件，用于体验的图片、视频、音频文件。

该案例在课堂教学前期，利用信息技术课，使学习者通过自主发现、探索，对整个学习内容有一个初步的认识和印象，从而帮助教师了解学习者特征；同时也提高了学习者使用搜索引擎等的能力。教学过程中，通过复习引入课题，既强化习得知识，又引起学生注意。结合教学媒体特点，利用图片建立学生对胡杨树的直观认识，为课文学习做好"准备体验"。制作、观看视频，使学生对恶劣的高原生态环境产生感官体验，进而展开移情和联想；最终，感官具体体验上升到文字抽象体验，强化理解。利用局域网和相关软件开展的小组活动，产生了组内和组间互动对话，从而共享体验。既是对教学内容的双重编码、丰富拓展，也是对学生利用信息媒体进行沟通的能力培养，还培养了学生协作、自主学习的良好习惯。最后，开展课外拓展活动，使学生能够对其他类似情景发生体验，并利用所学进行创新。

二、联盟化教育教学信息技术应用创新探索

目前很多高等学府，都是把应用高端网络技术作为学科革新的重要手段，是实践的中心，是实践要素的组成和服务支持，高等学府统一在一起，用高端网络技术作为支持，运用媒体影音实践服务区域的组建、学府战线化实践体验系统的组建、学府战线网络实践会组建。多个有代表性的、重要项目的落实，使高校的区域网络技术向国家一流水平发展，带领偏远地区的高校网络化的建设，促成网络实践技术与高校之间的深度融合。

夯实信息化教学基础，构建高水平实践统一战线。很多大学都自己立项组建了高端网络技术互动的形式，来达成本学校的校区间和不同学校的校间媒体互动交流需求。目前，很多高校已经在校区间不远几公里建成多个这样的实践教室，互动效果良好。重庆大学计划再建设三间不同规模的高清互动直播教室。课程共享联盟建设项目凸显了信息技术对于教育手段改革的重要支撑作用，具有很好的示范意义。网络交流实践场所已经在发达地区高校的共享媒体会议上，给各参加院校进行了现场演示。

加强联盟网络教学平台建设与应用，努力实现教育教学与信息技术的深度融合。为把网络技术与实践教学的整体相结合，使客体的多方面的学习和特殊性的学习得到满足，复旦大学建立网络共享实践平台，运用这个平台，可以进行一站式教学互动交流，同时也能进行选课参考。截至 2013 年 6 月，平台有教学班 348 个，使用人数 8031 人，总访问量 385553 人次，上传与下载资源 126534 人次，作业批改 156879 人次。在重庆大学的大力推动下，重庆市已

有西南大学等六所高校加入 Sakai 联盟，使用统一的 Sakai 代码进行教学平台的建设与应用。

　　创新联盟课程文献中心建设，丰富信息化教学资源。重庆大学是卓越联盟、重庆市大学联盟的主要成员，有基于战线统一的文献共享管理中心。运用高校战线实践中心，建立起成体系的课程文献资源，为 Sakai 联盟等教学资源平台提供在线文献支撑，完成 5000 册课程参考书目的建设。通过文献中心，可以将联盟高校内的图书馆和课程平台进行有机连接，加强文献对课堂教学的保障作用。

（一）联盟化教育教学信息技术需求分析

　　信息时代的到来，数字校园的兴起，给传统教育带来了极大的冲击，教学模式和思维方式也随之改变，这些变化主要体现在以下两方面：以教师为中心向以学生为中心转变，从面向学习结果向面向学习过程转变。在现在的历史环境中，媒体实践要想发展就需要必要的改变，而开展高校统一战线化是实现发展的可行道路。运用高校战线的实践可以有效加强高校之间的多方面联系，达到优点、缺点互补，使要素得到共享，使学院的实际竞争力得到显著上升，把所有好的、优良的要素结合在一起，易于学生掌握新的知识，也易于造就适合型人才。因此，学院战线可以使其快速发展，也是学院的必走之路。

　　把网络手段技术运用于教学不仅能为教学的时间和空间提供弹性，也能为教师提供建立一种灵活的教学环境的机会，满足学生多元化与个性化学习的需求，为联盟化教育提供技术基础，所以如何运用信息技术为高校联盟化教育教学提供更好的支撑服务显得十分重要。网络手段化组建是学院的不可少的部分，它既生长在基层，也有自己的长期性。经过很多年的建设，网络技术手段已经小有成就，许多学校已建成数据中心、通信交换中心、万兆双线网络、统一门户、统一身份认证、统一数据库等基础软硬件平台，建设了一批教学、科研、管理应用系统，实现了学校人、财、物等基础性数据的交换与共享，学校专门投资新建高标准网络多媒体教室，信息与网络管理中心、图书馆、许多学院都建设了自己的学生机房，网络学院建立了远程教学专网。院校网络技术化的组建虽然已经取得了一定的成绩，但也有自己要面对的困难，怎么样使本校区间和两校区间媒体交流，需要使实践的要素得到丰富，网络技术化加快，使高端的网络技术手段能充分地为学院工作，这是非常重要的。

（二）联盟化教育教学信息技术应用效果

1.高清互动超大视频平台

"高清互动超大视频平台"既可以作为实践场所，也可以作为接受场所，使两校区间的实践与接受在课堂都能得到实施共享，不在一所学校，但仍能接收到每个老师的媒体影音，感受到真实的实践场景，它适合各种实践过程。"高清互动超大视频平台"在实践的交流方面，不同学校，只要上一堂课，也是一起考察出勤，一起在平台上交流，能知道整个教学过程，增强了不同校区课堂把控力。在高清互动超大视频教室中，助教可以利用便捷的辅助控制工具，实现对教学过程的直播、收视、互动等控制，有效提高高校课堂的课堂秩序以及教学质量。系统管理方面，高清互动超大视频平台。教室能够为教室资源统一管理和调配，以及直播课堂远程观摩和监控服务。系统能够自动对接我校视频中心系统、教学管理服务系统，完成视频自动上传。在 2012-2013 年春季学期，在 A 校区和虎溪校区建成的 2 个高清互动超大视频教室中，有来自重庆大学机械学院和经济与工商管理学院、福特公司、四川大学、上海交通大学、重庆市摄影协会等 12 位专家学者开设的 9 次系列讲座，共计 58 个学时，师生普遍反映良好。

2.网络教学服务平台

（1）运行数据。某校网络教学服务平台于 2012 年 9 月部署并试运行，全校师生积极参与，截至 2013 年 5 月，总共建立教学班站点 348 个，平台使用人数 8031 人，作业批改 15.7 万人次，资源下载 12.7 万人次，答疑讨论区回帖数量 7.1 万个，平均每天访问量 1606 人次，最高每天访问量 7056 人次，取得了良好的应用效果。

（2）绩效分析。第一，为教务处和教学管理人员了解教师的教学过程和效果提供手段。通过网络教学平台可以统计出教师对平台的关注度和访问量、与学生的交流互动情况、作业批改情况、答疑回复情况、课程资料整理情况等，从而为教师的考评提供参考依据。

第二，为教师了解学生学习状况和学习态度提供渠道。通过网上答疑功能、随堂测验和在线交流功能，教师能够了解学生的学习状况以及学习态度，从而把握后续教学的重难点，进行有针对性的指导，因材施教，均衡深浅度，提高课堂教学效率。此外，平台的统计数据和学生的反馈信息，也能作为学生平时成绩的参考。

第三，为学生课堂后的学习、疑问的解决以及选课参考提供条件。学生可以在课堂后，在寝室、自习室甚至在车上，通过平板电脑、手机等终端设备连接平台获取教学资源、提交作业、进行随堂测验、互动交流。同时学生也可以加入感兴趣的课程站点，根据课程介绍、课程资源以及师生间互动情况，更加深入直观地了解该课程，从而为选课提供依据。

3. 联盟课程文献中心

课程文献中心已经完成方案的需求设计、元数据标准制定、课程文献管理和服务平台的工作。在元数据标准方面，根据需求完成了课程文献相关的 12 种元数据标准制定，包括图书、期刊论文、图片、网络资源、音视频等，均采用都柏林核心元数据集，保证数据库平台的可持续发展，对于日后的系统升级、数据迁移、数据交换、资源共享均具有重要意义。课程文献管理和服务平台有数据加工、资源建设、管理、发布、检索与服务等功能，不仅支持各类文档数据，还支持多媒体数据，满足课程中心建设音频、视频特色数据库的需求。

第七章　教育信息化的重要创新——
翻转课堂

为了适应教育信息化发展新阶段的需求，近年来国内外的众多学者纷纷对教育信息化领域的诸多现实问题，从理论高度进行了深入思考与探索，从而在若干领域取得了具有标志性意义的进展。下面，我们就对进入 21 世纪以来（特别是 2010 年以来），在全球教育信息化领域出现的、给人印象最为深刻的两项较重要的理论研究与实践探索相结合的创新——即翻转课堂和 MOOC（慕课），分两节内容作详细的阐述。

第一节　翻转课堂的由来与发展概述

一、翻转课堂的由来

翻转课堂（flipping classroom，或译为"颠倒课堂"）近年来成为全球教育界关注的热点，2011 年还被加拿大《环球邮报》评为影响课堂教学的重大技术变革。翻转课堂的起源应归功于美国科罗拉多州落基山林地公园高中的两位化学老师——乔纳森·伯尔曼（Jonathan Bergmann）和亚伦·萨姆斯（Aaron Sams）。在 2007 年前后，他们受到当地一个实际情况的困扰：有些学生由于生病，无法按时前来上课，也有一些学生是因为学校离家太远而花费了过多时间在乘坐校车上。这样导致有些学生缺课而跟不上教学进度。为了解决这个问题，开始时，他们是使用录屏软件去录制演示文稿和教师实时讲解的音频，然后再把这种带有实时讲解的视频上传到网络（供学生下载或播放），以此帮助课堂缺席的学生补课。由于这些在线教学视频也被其他无须补课的学生所接受，经过一段时间以后，两位教师就逐渐以学生在家看视频、听讲解为基础，腾出课堂上的时间来为完成作业或实验过程中有困难的学生提供帮助。这样，就使"课堂上听教师讲解，课后回家做作业"的传统教学习惯、教学模式发生了"颠倒"或"翻转"，变成"课前在家里听看教师的视频讲解，课堂上在教师指导下做作业（或实验)"。

在新教学模式实施过程中，上述在线教学视频也被其他(并未缺课的)学生接受并在更大范围传播开来(由于很多学生在每天晚上 18 时至 22 时之间下载教学视频，以至于学校的服务器在这个时段经常崩溃)。与此同时，两位教师的不同寻常的实践探索，引起学校、家长和社会各界越来越多的关注，并经常受到同行的邀请去介绍经验，从而在落基山附近地区(乃至整个科罗拉多州)产生越来越大的影响。不少其他中学的各学科老师(不光是化学老师)也在积极探索和运用翻转课堂这种全新的教学模式。这就是翻转课堂的由来。

二、翻转课堂的发展

翻转课堂虽然在 2007 年前后就已开始出现，但它真正能把自身影响力扩展至全美乃至全球，还是 3 年以后的事，而这又和"可汗学院"的兴起密切相关。

如上所述，在 2007 年以后，翻转课堂这种全新的教学模式已在美国科罗拉多州的部分地区逐渐流行，但是尚未能在更大范围推广。其原因是：很多教师虽然认可翻转课堂，愿意参与这种形式的教学试验，而要真正实施这种教学模式，还需克服一个重要障碍——制作教学视频(并非每一位教师都能制作出具有较高质量的教学视频)。正是在这个关口，美国出现了"可汗学院"，并且快速发展，从而使上述障碍得到较好的解决。

"可汗学院"是在 2004 年由孟加拉裔美国人萨尔曼·可汗(Salman Khan)创立的。开始时，他是为了对亲戚家的小孩学习数学进行远程辅导，为此而录制数学方面的教学视频并把它放到脸书网站上，除了供其亲戚家的孩子远程学习，也供其他有需要的人士免费观看和学习。接下来，他又对这些教学视频内容作了补充——增加互动练习软件，以便学习者进行数学训练。2007 年，可汗把教学视频和互动练习软件加以整合，在此基础上创立了一个非营利的教学网站——用教学视频讲解各学科(不仅是数学)的教学内容及网上读者提出的各种问题，并提供在线练习、自我评估、学习进度自动跟踪等学习工具。2009 年，可汗干脆辞掉自己的原有工作，全身心投入到这一教学网站的运行与维护，并把专门开展在线教育的这个非营利教学网站正式命名为"可汗学院"。1 年以后(2010 年秋天)可汗学院得到了比尔·盖茨的关注，并相继收到比尔和梅林达·盖茨基金会以及谷歌公司的数百万美元资助，从而使可汗学院不仅有更大范围的影响，所提供的教学视频质量和学习支持工具的性能也进一步提升。后来可汗学院还开发出"学习控制系统"——能及时收集学生的各种学习数据，不仅使学生和教师能随时了解学习状况，还便于教师有效地实施翻转课堂。

"可汗学院"免费提供的优质教学视频，克服了实施翻转课堂的重要障碍，大大降低了广大教师进入翻转课堂的门槛，从而推动了翻转课堂的普及，使翻转课堂走出科罗拉多州，进入北美乃至全球教育工作者的视野，并受到热捧。

翻转课堂的发展，除了体现在上述应用区域和受影响人群的扩大以外，还体现在教学内容与教学方式的拓展上。早期的翻转课堂，课前在家里只有"听看教师的视频讲解"（即利用"教学视频"）这种单一的形式，但是到 2011 年以后，随着全球教育领域另一个重大事件"MOOCs（慕课）"的崛起，使翻转课堂在课前家中实施的教学内容与教学方式，也发生了很大的变化。

第二节　翻转课堂的作用与效果分析

随着近年来翻转课堂在国际教育界日益走红，关于翻转课堂的作用与效果，国内外学术界纷纷进行探讨。其中，比较有影响的观点涉及以下几个方面。

一、翻转课堂能体现"混合式学习"的优势

目前，海内外的学者普遍认为，翻转课堂不仅仅是能增加学生与教师之间的互动以及学生个性化学习时间的一种手段，更是一种全新的"混合式学习方式"，是在以"B-learning"为标志的教育思想指引下，对课堂教学模式实施重大变革所产生的成果。事实上，翻转课堂从一开始就是"课前在家里听看教师的视频讲解，课堂上在教师指导下做作业（或实验）"这两种学习方式的混合。后来翻转课堂在吸纳了"慕课"的特点与长处以后，进一步发展成为"在线开放课程"与"课堂面授"方式的混合（这里的"在线开放课程"又有"完全在线"和"部分在线"之分）。这是从混合式学习方式角度来观察翻转课堂的作用与效果的一种代表性观点。

对于翻转课堂的"混合式"学习方式，学术界的认识并不完全一致。国内外的大多数学者认为，"翻转课堂是这样一种混合式学习方式——它包

括了课前的在线学习和课堂的面对面学习两部分"[1]"在本质上是一种将面对面的、传统的课堂教学与在线教学结合起来的混合学习模式，它是家、校分别在学生学习中（扮演的）角色与功能上的调整"[2]。也有学者认为，翻转课堂是"混合了直接讲解与建构主义的学习"的一种混合学习方式。[3]从表面上看，前两种和后一种混合学习方式的内涵似乎有一些差异——前两种是指"传统课堂教学"与"在线教学"（即"在线开放课程"）的结合，后一种是指"直接讲解"与"建构主义学习"的结合。然而，众所周知，"传统课堂教学"的本质特征就是以教师的直接讲授、单向传递为主（但缺乏师生互动，并忽视学生的自主学习与自主探究），所以"传统课堂教学"和"直接讲解"实际上是同一个意思。而"在线开放课程"强调教师与学生之间的互动、学生与学生之间的互动以及基于问题、基于资源的自主学习与协作探究，这和建构主义所倡导的"学习是获取知识的过程，但知识不是通过教师传授得到，而是学习者在一定的情境即社会文化背景下，借助其他人（包括教师和学习伙伴）的帮助，利用必要的学习资料，通过意义建构的方式而获得……是通过人际的协作活动而实现的意义建构过程"[4]也大体相同。可见，"在线开放课程"与"建构主义"两者所倡导的学习方式，其内涵并无本质上的区别。

二、翻转课堂更符合人类的认知规律

英特尔全球教育总监布里安·冈萨雷斯（Brian Gonzalez）在 2011 年度英特尔一对一数字化学习年会上声称："颠倒的教室（'翻转课堂'的另一种表述）是指教育者赋予学生更多的自由，把知识传授的过程放在教室外，让学生选择最适合自己的方式接受新知识，而把知识内化的过程放在教室内，以便同学之间、学生和教师之间有更多的沟通和交流。"这是从人类认知规律角度来分析翻转课堂的作用与效果的一种代表性观点。

这种观点得到国内不少学者的响应。如华东师范大学的田爱丽教授就认为："翻转课堂更加符合学生的学习规律，是先学后教的一种形式；相对于一般导学形式的先学后教，微观视频学习更加生动活泼……视频学习可

---

[1] 何世忠，张渝江. 再谈"可汗学院" [J]. 中小学信息技术教育，2014（2）：24-26.
[2] 焦建利. 慕课给基础教育带来的影响与启示[J]. 中小学信息技术教育，2014（2）：10-12.
[3] 张跃国，张渝江. 透视翻转课堂[J]. 中小学信息技术教育，2012（3）：9-10.
[4] 何克抗. 建构主义——革新传统教学的理论基础（上）[J]. 电化教育研究，1997（3）：3-9.

以取代教师的知识讲解；而学生最需要教师帮助的时候，是做作业遇到困难和迷惑的时候，翻转课堂更能实现这一点。"①河南师范大学学者张新明等人则进一步指出："翻转课堂的'课前传授+课上内化'的教学形式与传统教学过程正好相反，这是大多数人理解的传统意义上的翻转课堂，但却忽视了翻转课堂的两个关键点：第一，课外真正发生了深入的学习；第二，高效利用课堂时间进行学习经验的交流与观点的相互碰撞能够深化学生的认知。"②

三、翻转课堂有助于构建新型师生关系

上面提到，翻转课堂的开创者——林地公园高中的两位化学老师乔纳森·伯尔曼和亚伦·萨姆斯，后来把翻转课堂重新命名为"翻转学习"。之所以要做这样的更改，是因为他们认为，传统的面对面教学过程中，不管是教师讲授还是与学生对话，都是"以教师为中心"的一对多的形式，而翻转课堂则完全改变了这种形式：不管是学生在家观看教学视频，还是在课堂上师生面对面地互动交流，都是围绕着学生的需求展开，同时又非常关注教师的指导作用。学生可以掌控自己观看教学视频的进度，可以提出自己的问题和想法与教师或同伴交流，从而获得了学习上的主动权，与此同时，又可及时得到教师的帮助与指导。这是从新型师生关系角度来看待翻转课堂的作用与效果的一种代表性观点。

这种观点也得到国内一些知名学者的支持。如东北师范大学的赵蔚教授等人就认为，翻转课堂之所以有利于重构和谐的师生关系，是因为"首先，教师让学生根据自己的兴趣自主选择探究题目进行独立解决，指导学生通过真实的任务来建构知识体系，真正做到'以学生为中心'；其次，教师根据学生的特点进行异质分组，并分配探究题目，用于组织该小组的探究活动……小组成员通过交流、协作共同完成学习任务"③。清华大学的学者刘震等人还明确指出："在翻转课堂中，教师和学生的角色定位发生了变化。教师从传统课堂中的知识传授者和课堂管理者转变成为学习指导者和促进者，学生则由被动接受者转变成为主动研究者。"④另外，有些学者则强调："翻转课堂通过对学习时间的

---

① 田爱丽. 借助慕课改善人才培养模式[J]. 中小学信息技术教育，2014（2）：13-15.

② 张新明，何文涛. 支持翻转课堂的网络教学系统模型探究[J]. 现代教育技术，2013（8）：21-25.

③ 王红，赵蔚，孙立会. 翻转课堂教学模型的设计——基于国内外典型案例分析[J]. 现代教育技术，2013（8）：5-10.

④ 刘震，曹泽熙. 翻转课堂教学模式在思想政治理论课上的实践与思考[J]. 现代教育技术，2013（8）：17-20.

重新分配，给予学生更多自主支配的时间，使学生能够根据自己的步调控制各自的学习，真正做到了学习向学生的回归，体现了学生学习的主体性；同时，与传统教学模式相比，教师角色也发生了很大的转变，教师逐渐由知识传授者向教学资源开发者、学习帮助者、指导者转变。"[①]

四、翻转课堂能促进教学资源的有效利用与研发

由上述翻转课堂的发展历程可以看到，早期它离不开可汗学院"视频录像"（教学资源）的支持，后来随着慕课的崛起，翻转课堂又吸纳了在线开放课程的优势与特点。而网络在线课程除了强调"互动、交流、反馈"和"在线学习社区"以外，还特别关注网上与教学有关的各种信息资源的广泛搜集、有效利用与研究开发。因而学术界普遍认为，翻转课堂对于促进教学资源的有效利用与研发是非常有利的，因为它既是促进教学资源利用的理想平台，又是推动教学资源进一步研究与开发的强大动力。这是从教学资源利用与研发角度来探讨翻转课堂的作用与效果的一种代表性观点。

就以教学视频为例，正像有的专家所指出的，传统的这类视频"大多是对课堂实况的简单录制，没有对教学信息进行二次深层加工……无关信息较多，容易分散学生的注意力"[②]。为克服传统教学视频的这类缺点，以便更有效地利用视频资源，对于课前所用教学视频的录制与开发，翻转课堂从两个方面作了改进[③]：

一是，采用了一种"用录屏软件+电子演示文稿进行录制"的全新方式——先选择一个录屏软件，然后以空白电子演示文稿作为电子白板，依据学生的认知规律和知识的内在逻辑，把对问题的讲解过程一步一步地呈现在 PPT 演示文稿上，同时配以语音讲解。这样录制的教学视频，除了教学内容和语音讲解之外，没有其他冗余信息。与传统教学视频的呈现方式相比，更有利于集中学生注意力，从而提高了课前自主学习的效率。

二是，将知识单元的粒度细化——传统教学视频一般是以一课时的内容作为一个知识单元进行讲授，时长在 45 分钟以上。由于视频包含图像、文字、声音，传递的信息极为丰富，若时间过长，学生将难以消化。在翻

---

① 张新明，何文涛. 支持翻转课堂的网络教学系统模型探究[J]. 现代教育技术，2013
（8）：21—25.

② 张新明，何文涛. 支持翻转课堂的网络教学系统模型探究[J]. 现代教育技术，2013
（8）：21—25.

③ 张新明，何文涛. 支持翻转课堂的网络教学系统模型探究[J]. 现代教育技术，2013
（8）：21—25.

转课堂中,对知识单元的处理则有所不同:它将一课时的内容进一步细化为若干个知识点,对每个知识点用一个"微视频"进行讲解,并配有相应的针对性练习,加以巩固。这些微视频的时长,一般是在 5—10 分钟。

五、翻转课堂是"生成课程"这一全新理念的充分体现

关于翻转课堂的作用与效果,除了上述较流行的、为学术界普遍认可的四种观点以外,还有一种由陶西平先生提出的、颇有创意的观点也非常值得我们关注。这种观点认为,翻转课堂是"生成课程"这一全新理念的充分体现。这是从"生成课程"角度来探讨翻转课堂的作用与效果的另一种代表性观点。[①]

"生成课程"(emergent curriculum),也称"呼应课程",是美国太平洋橡树学院贝蒂·琼斯(Betty Jones)提出的。它是针对传统的预设课程而提出的教学模式改革,这种改革从根本上说是源于教学理念的改变。

以传授知识为目标的传统的教学模式是预设的。传统课程的教学目标是向学生传授知识,或者使学生掌握必要的技能。教学内容是依据规定的课程标准或者教材来确定,教学方法的起点和归宿都是为实现这一规定性的目标而服务,对教学效果的评估主要是检验对预设教学目标的达成度。

"生成课程"则特别注重课程的创造品质和生成品质,强调课程应该是在教师、学生、教材、环境等多种因素的持续相互作用中动态生长的建构性课程。它把课程的"既定的"目标变成"将成的"目标("正在形成的"目标),课程成为师生展现与创造生命意义的动态生成过程,而不是单纯的认识活动。在课堂教学中,学生对已知的结论性知识的把握已经不是主要目的,教材成为学生迸发思想火花的资源,课堂上学生体验生命意义、实现自我超越,从而为自我的可持续发展奠定基础。在这里,科学精神与人文精神达到和谐与统一。

第三节 翻转课堂在实践中的限制条件和面临的挑战

翻转课堂从 2007 年开始出现,2011 年以后迅速扩展至全球。作为一项

[①] 陶西平. 翻转课堂与"生成课程"[J]. 中小学管理,2014(4):58.

影响课堂教学的重大变革，其实施效果即对学科教学质量和学生能力素质的提升，客观地说确实是显著的。国内实施翻转课堂存在两个限制条件，除此以外，还面临若干项挑战。

一、实施翻转课堂的限制条件

限制条件之一是，翻转课堂的实施要有网络化教学环境的支撑。如上所述，早期的翻转课堂，要求学生课前在家里从网上观看教学视频。到2011年以后，随着"MOOCs"（慕课）的崛起，翻转课堂吸纳了在线开放课程的优势与特点，而在线开放课程更离不开网络化教学环境的支持。从我国的现实情况看，目前，还只有东部发达地区以及若干大、中城市的部分学校具备这样的教学环境与条件。就中西部的广大农村地区而言，尽管教师有可能通过计算机、iPad、智能手机等终端上网，但亿万农村学生的家里，上网条件尚未完全普及。

限制条件之二是，在小学阶段，由于学生年龄还小，知识与能力的基础以及学习的自觉性还不够强，所以翻转课堂往往是在高中或大学阶段开展试验，甚至大范围实施，而在义务教育阶段，尤其是小学阶段，并不适宜。这一限制条件得到了许多名师和教育家的支持。

除了要考虑上述两个限制条件以外，为了能在国内更大范围实施翻转课堂这种全新教学模式，结合中国的国情来看，还将面临以下几种挑战。

二、更大范围实施翻转课堂所面临的挑战

挑战之一，各学科优质教学资源的研制与开发。

翻转课堂要求学生在课前观看教师的视频讲解。这类视频材料早期是按传统方式录制的教学视频，后来则发展成与一个个知识点相结合、并配有针对性练习的"微视频"（一种优质教学资源）。每个学科的教学内容、知识体系、知识点组合等情况均有很大差异，要想在多个学科中推行翻转课堂这种全新教学模式，并且要力争做到"常态化"的话，所需要的微视频数量是巨大的。2013年8至9月间，华东师范大学牵头成立了C20慕课联盟。成立该联盟的目的在于"借助慕课平台，实施'翻转课堂'，实现学校教学模式的变革，为创新人才的培养创造良好环境"。[①]这应是解决大规模优质教学资源研制、开发与共享的一个良好开端。

挑战之二，教师的教育思想、教学观念亟须更新。

[①]田爱丽. 借助慕课改善人才培养模式[J]. 中小学信息技术教育，2014（2）：13—15。

　　翻转课堂采用"混合式"学习方式，它包括课前的在线学习和课堂面对面教学这两部分。前者（在线学习"微视频"）是以学生自主学习为主（但其中的重点难点，以及知识点之间的内在联系，仍需要教师的启发、帮助与引导）。后者（课堂上进行面对面教学）是在教师指导下由学生围绕作业中的问题、实验中的问题或教师提出的某个专题进行自主探究或小组协作探究。显然，要把这两部分的教学都开展好，都达到预定的教学目标要求，教师的教育思想和教学观念必须更新。

　　从我们中国来看，传统教学强调"师道尊严""为人师表""传道、授业、解惑"，强调教师在课堂上的监控、讲授以及整个教学过程中的主导作用。要实施好这种传统教学，要求教师树立的是"以教师为中心"的教育思想。而从西方来看，其传统教育思想则有所不同。早在20世纪初（1900年前后），杜威就已提出"以儿童为中心""以活动为中心"的教育理论，在20世纪中叶，布鲁纳又强调基于学生自主探究的"发现式学习"。可见，其传统观念是"重学轻教"，从而为后来建构主义倡导的"以学生为中心"的教育思想在西方的广泛流行奠定了基础。而翻转课堂，如上所述是基于"混合式"学习方式，其教学过程包括课前的在线学习和课堂面对面教学这两个部分。前者（在线学习）以学生自主学习为主，但并未忽视教师的启发、帮助与引导；后者（面对面教学）重视教师的指导作用，但更关注学生如何在教师的指导下，通过自主探究与小组协作交流来促进认知与情感的内化。显然，要把这两部分的教学都开展好，都能有效地达到预期的教学目标，教师应该树立的教育思想既不是"以教师为中心"，也不是"以学生为中心"，而是以 Blended-learning 为标志的"混合式"教育思想（一般简称为 B-learning 教育思想，用我们中国的方式表述，就是"主导－主体相结合"的教育思想）。要把传统教与学方式的优势和E-learning（即数字化或网络化教与学方式）的优势结合起来，也就是既要充分发挥教师启发、引导、监控教学过程的主导作用，又要突出体现学生作为学习过程主体的主动性、积极性与创造性。

　　与此同时，为了有效地实施翻转课堂，教师的教学观念也必须同时改变。教学观念是从观念形态上对"如何开展教与学"活动作出的最高层次的抽象与概括，一切教学方式、学习方式以及各种教学模式、策略与方法，都属于教学观念的下位概念。而教学观念与教育思想一脉相承，有什么样的教育思想，就一定会有与之相适应的教学观念。

　　若坚持"以教师为中心"的教育思想，其教学观念就一定是强调"传递－接受"为标志的教与学活动（可称为"传递－接受"式教学观念）。若坚持"以学生为中心"的教育思想，其教学观念就必定是强调"自主－探究－合作"为标志的教与学活动（可称为"自主－探究"式教学观念）。

而在以 B-learning 为标志的混合式教育思想（即"主导－主体相结合"教育思想）指引下的教学观念，则是兼取"传递－接受"和"自主－探究"这二者之所长而形成的一种全新观念，它强调"有意义的传递与教师主导下的自主探究相结合"为标志的教与学活动（可称为"有意义传递－主导下探究相结合"的教学观念），这正是保证翻转课堂的有效实施所必须坚持的新型教学观念。刚才已指出，这种新型教学观念是"传递－接受"和"自主－探究"这二者的混合，但并非这两种教学观念的简单叠加，而是通过对二者的改进与发展而形成，并要以适当的方式加以贯彻实施，方能奏效。

可见，为了有效地实施翻转课堂，更新广大教师教育思想和教学观念是一场比较严峻的挑战。

挑战之三，课前在线学习时间和课堂面对面教学的时间是否能加以调整或变通。

翻转课堂要求学生在家里上网学习微视频，但由于种种原因（例如，学生的学习自觉性还不强——可能因上网玩游戏而影响了观看微视频；还有的是因家长的督促、配合不到位；或是其他学科课业负担过重的影响等），使这个教学环节有可能落不到实处，或落实得不够好。这就让一些教师和学者产生一种新的设想：既然学生可以在家里或者课堂以外的时间学习微视频，那么目前的课堂教学时间是否也可以做些调整或变通呢？例如一节课能否由 40 分钟或 45 分钟改为 25 分钟或 30 分钟呢？这样能腾出更多的时间让学生自主学习微视频，从而使这个环节的教学目标落到实处了吗？

事实上，国内确实有个别学校按照这一思路进行了尝试与探索。比如山西的新绛中学，就已开始实施上午在学校上"翻转的课堂"，下午则安排学生进行自主学习——可以用来观看微视频，也可以阅读其他相关资料或是与同学进行讨论、交流。据报道，这样也能取得不错的翻转课堂效果。[①]

挑战之四，实施翻转课堂的学段能否向高低两端扩展？

如上所述，翻转课堂最早起源于"高中的化学"，由于确实能取得较显著的教学效果，受到广大师生和家长们的热烈追捧，所以在得到"可汗学院"的支持和吸纳了慕课的特点与优势以后，便力图向其他学科（包括所有的文科、理科）以及其他的学习阶段（包括高端的"大学"与"职业学

---

①田爱丽. 借助慕课改善人才培养模式[J]. 中小学信息技术教育，2014（2）：13-15.

院"，低端的"初中"和"小学"）扩展。在这个过程中，大量的实践证明：翻转课堂的实施在扩展到其他学科的课程（不管是哪一个人文科学或是自然科学的课程）以后，虽然由于学科特点不同，在实施内容、实施方式上会有一些差异，但基本上没有原则性的障碍。

而翻转课堂向其他学习阶段的扩展则有所不同。在小学阶段，由于学生年龄还小，知识与能力的基础以及学习的自觉性还不够强，所以翻转课堂可以在学习阶段的高端（即大学或职业教育阶段）扩展，甚至大范围实施。但是在向低端如初中和小学扩展时必须非常慎重，尤其是向小学阶段的扩展更是如此。如上所述，许多教育界的专家、学者对此持明确的反对态度。

第四节　探讨中国与西方翻转课堂的本质特征

在上述实施翻转课堂的限制条件与面临的挑战中，有些限制条件与挑战是可以逐步克服或解决的（如"网络化教学环境"可通过软、硬件设施的建设与完善来创建，"教师的教育思想和教学观念"可通过多种层次与方式的培训来更新）；而有些问题由于涉及国家的政策、法规，其障碍就要大得多（比如要对原来规定的课堂教学时间加以适当的变通或调整——临时或短期的调整没有问题，但是如果要使这种变动常态化、固定化就很难实施）；另外有的问题也可能是无法解决的"死穴"（例如翻转课堂向小学阶段的扩展）。

考虑到上述各种限制条件及挑战因素，我国许多专家学者对于翻转课堂尽管关爱有加，但对其要往某些学科和某些学段扩展的期盼，也只能爱莫能助——这看来是一种悲观的论调，但似乎又是符合客观实际的结论。

然而，如果我们能从另一个角度来看问题，也未尝不能找到比较乐观的途径与方法，从而得出完全不同、但同样是符合客观实际的结论。真有这种可能吗？下面我们不妨先来看看多年来我们结合中国的国情，在国内进行的一项长达十多年的深化教学改革的试验研究——即"基础教育跨越式发展创新试验研究"（简称"跨越式教学"试验研究），再对"跨越式教学"与翻转课堂二者进行分析比较，并从中找出翻转课堂的本质特征，然后再来回答上面的问题。

一、中国"跨越式教学"试验研究项目的背景

跨入新千年，促进教育的改革与发展已成为世界各国应对日趋激烈的国际竞争的重要战略。世界各国纷纷出台了一系列教育改革的政策和措施，

加快推进本国教育改革的步伐，以教育信息化带动教育现代化成为各国教育改革的重要指导思想。我国也相继出台了一系列旨在推进教育信息化、深化教育改革的有关政策及重大举措：2000 年 10 月我国教育部决定逐步将信息技术课作为中小学的必修课程开设。与此同时，在全国中小学大力推进以资源共享为目标的"校校通"工程，要求以教育信息化带动教育现代化，实现基础教育的跨越式发展；2001 年还启动了基础教育的新课程改革，要求以学生的发展为本，把学生身心的发展和潜能的开发作为核心，从课程目标、课程内容、教与学的方式、评价方式等方面大力推进基础教育课程改革，构建符合素质教育要求的新的基础教育课程体系。

"基础教育跨越式发展创新试验研究"（简称"跨越式教学"试验研究）正是在我国加速教育信息化进程以及实施新一轮课程改革的宏观背景下开展的一项深化教学改革的试验研究项目，其宗旨是要通过信息技术与学科教学的深层次整合（即深度融合）——在信息化教学创新理论的指引下，把以多媒体计算机和网络通信为核心的信息技术作为促进学生自主学习的认知工具、协作交流工具以及情感体验与内化工具，用于改变传统的以教师为中心的课堂教学结构，构建新型的"主导－主体"相结合的课堂教学结构，从而实现基础教育课堂教学结构的根本性变革。

二、中国"跨越式教学"试验研究项目的目标

跨越式教学试验研究的总体目标是要改变当前教育信息化进程中"大投入没有大产出、高投资没有高效益"的不正常现象。在完全不增加课时、不增加学生课业负担的前提下，力图通过信息技术与课程的深层次整合，大幅度提升学科教学质量与学生的综合素质，实现"高效课堂"，从而促进基础教育在质量提升方面的跨越式发展。

中小学阶段不同学科跨越式试验研究的具体目标是：

小学语文：力图通过两年左右时间，使上完小学二年级的儿童"能读会写"——能认读 2500 以上常用汉字（手写汉字能力不提前），能阅读一般报刊和青少年读物，并能用计算机打写出几百字（或用手写出 150～200 字）结构完整、通顺流畅的短文（相当于新课标四年级以上水平）。

小学英语：要使包括薄弱校、农村校在内的试验班学生在词汇量、听力和口语表达能力等方面得到显著提高；对已完成某个年级试验班学习的农村学生（或城区薄弱校学生）来说，其词汇量、听力和口语表达能力要达到城区一类学校（即优秀学校）同年级学生的水平。

中小学所有其他学科：要通过信息技术与课程的深层次整合达到教学质量与学生综合素质的大幅提升。这种提升体现在以下三个方面：

（1）全面深入地达成各学科的教学目标（尤其是认知目标与情感目标）；

（2）有效地提升学生分析和解决实际问题的能力（包括发现问题、提出问题、分析问题、解决问题的能力）；

（3）有效地提升学生的创新思维能力。

与此同时，要让学生的综合素质（包括思想品德、爱国主义、心理素质、合作精神、人际关系等）有良好的发展。

三、中国"跨越式教学"试验研究项目的发展概况

跨越式教学试验研究项目的探索始于 2000 年 8 月，到目前为止，该项目的发展经历了以下四个阶段：

第一阶段——试验的理论方法初步建立（著名学校，专用教材，网络环境，语文单科）；

第二阶段——理论方法逐渐完善（普通学校，通用教材，网络环境，语文、英语两科）；

第三阶段试验探索日益深入（重点面向薄弱学校，不限教材，一般信息化教学环境，语文、英语两科）；

一般信息化教学环境是指，"我国中西部农村远程教育工程"的第一与第二两种模式所要求的设备配置——即"卫星教学收视点"与"DVD 光盘播放"所需的有关设备配置，这也是当前我们国家所有中小学（包括农村中小学）在教育信息化设施方面必须达到的最低要求。

第四阶段——试验领域逐步扩展（重点面向农村中小学，不限教材，一般信息化教学环境；农村小学主要试验语文、英语两科，城市小学是语文、数学和英语三科，中学则涉及音、体、美以外的所有学科）。

四、中国"跨越式教学"试验研究的实际效果

根据"跨越式教学"试验研究的上述发展概况，为了检验其实际效果，并保证检验的科学性与有效性，我们针对不同学科的特点及不同学科的跨越式试验研究目标，采用了下述多种测试方法。

（一）小学语文跨越式试验研究的效果测试

语文学科采用"全局抽测、局部全测、对比测试"三者相结合的方式

进行测试。

全局抽测是指，先将全国实施试验时间较长的 13 个试验区的 100 多所参与跨越式试验的学校按照刚参加试验时的生源和办学条件（办学条件包括校舍、实验室、信息化教学环境、教学资源等软、硬件设施以及师资）分成优、良、中、差四类，然后再从这四类中各选出最具代表性的一所试验校进行测试。测试内容包括识字、用计算机打写作文和手写作文三项。

局部全测是指，先从全国实施试验时间较长的 13 个试验区中选出生源和办学条件最差的一个试验区（农村试验区），再对这一试验区的全部学校进行统一测试。测试内容包括识字和手写作文两项（农村试验区的小学没有计算机，所以不进行计算机打写作文测试）。

对比测试是指，对试验班与非试验班学生进行对比测试。对比测试内容涉及三个方面：语文综合能力的对比测试（包括识字、阅读、打写作文、手写作文等四方面的综合能力对比测试）、作文兴趣的对比测试、两极分化现象的对比测试。

（二）小学英语跨越式试验研究的效果测试

由于英语跨越式试验的目标是要大幅度提高听、说能力，而这种能力的测试要求学生面对教师"一对一"地进行，很难在试验校普遍实施（传统英语测试方法往往侧重语法或词语解释，不适合跨越式试验的测试要求）。所以为了保证测试效果的科学性与有效性，跨越式英语教学效果的测试采用了抽样测试和"英语综合能力对比测试"相结合的方法。

抽样测试是指抽选佛山市南海实验小学、广州市东风东路小学和八一小学等几个较早参与英语跨越式试验的小学六年级试验班作为样本进行测试。测试内容包括听力、口语和词汇三项；而测试题目采用的是广东省初中升高中的考题（对于小学六年级试验班的学生来说，其难度可想而知）。

英语综合能力对比测试则是对 9 个试验区中已开展两年以上的 49 所学校的 4995 名学生进行英语对比测试（其中试验班学生 2694 名，对比班学生 2301 名）。测试内容也包括听力、口语和词汇三项。

以上多种测试方式的测试结果以及大量的统计数据表明，经过多年来历经四个阶段各种不同类型学校（包括城乡接合部的薄弱学校和山区农村学校）的试验，都达到了我们的预期目标（不管何种类型学校，试验班中 80%～85% 的学生都能达到或接近跨越式发展目标的要求，其余百分之十几的学生虽未达到"跨越式"发展目标，但和原来相比也有不同程度的提高），即语文和英语的跨越式试验确实取得了一般人认为根本无法达到的大幅提升学科教学质量与学生综合素质的效果，实现了义务教育优质而且均衡发展的目标。

五、中国"跨越式教学"取得显著成效的根本原因——实现"课堂教学结构"的变革

自 2000 年以来，整整 15 年历经四个阶段各种不同类型学校（包括城乡接合部的薄弱学校、偏远贫困地区的农村校）的试验，都达到了我们的预期目标（不管何种类型学校，试验班中 80%～85%的学生都能达到或接近跨越式发展目标的要求，其余百分之十几的学生和原来相比也有不同程度的提高）。而且还解决了基础教育的三大难题：汉字的识字教学难；小学生的阅读和作文教学难；英语的听、说教学难。

那么，"跨越式教学"之所以能取得上述显著成效的关键原因是什么呢？如上所述，这项试验研究的宗旨是要通过信息技术与学科教学的深层次整合（过去 10 多年我们一直称之为"深层次整合"，其内涵与当前流行的"深度融合"类似），改变传统的"以教师为中心"的课堂教学结构，构建新型的"主导－主体相结合"的课堂教学结构。事实上，实现"课堂教学结构"的变革——这正是"跨越式教学"试验研究的宗旨，也是"跨越式教学"的确切内涵与本质特征所在；"跨越式教学"之所以能够成功，其根本原因就在这里。

课堂教学结构的变革不是抽象的、空洞的，它体现在课堂教学系统四个要素（即"教师""学生""教学内容"和"教学媒体"）地位和作用的改变上，即：

教师要由课堂教学的主宰和知识的灌输者，转变成为课堂教学的组织者、指导者，学生建构意义的帮助者、促进者，学生良好情操的培育者以及教学资源的开发者、提供者；

学生要由知识灌输的对象和外部刺激的被动接受者，转变成为信息加工的主体、知识意义的主动建构者和知识内化的主体，以及情感体验与情感内化的主体；

教学内容要由只是依赖一本教材，转变成为以教材为主，并有丰富的信息化教学资源（例如学科专题网站、资源库、扩展听读材料、课件、案例、光盘等）相配合；

教学媒体要由只是辅助教师突破重点难点的形象化教学工具，转变成为既是辅助教师"教"的工具，又是促进学生自主"学"的认知工具、协

作交流工具以及情感体验与内化的工具。

六、中国"跨越式教学"的创新教学模式与西方翻转课堂的比较

要想让课堂教学结构的根本变革（即课堂教学系统四个要素地位、作用的改变）真正落到实处，只有通过任课教师在课堂教学中设计并实施相关的教学模式才有可能。为此，应在不同学科中采用能实现课堂教学结构变革要求的创新"教学模式"，下面谨以基础教育的"语、数、英"三科为例。

（一）小学语文学科低年段的"教学模式"（"2-1-1 模式"）

能实现小学语文低年段（1~3 年级）课堂教学结构根本变革要求的理想"教学模式"，若是从教学过程的时间安排看，可看作是由两个阶段组成的"2-1-1 模式"（若是从所包含的教学环节来划分，则可称之为"识字、阅读、写话三位一体"教学模式），其实施要领是：

（1）前 20 分钟左右主要通过发挥教师主导作用（必要的讲解和释疑解难），来达到课文教学目标的基本要求；

（2）后 20 分钟左右主要通过促进学生自主学习、自主探究，来巩固、深化、拓展对课文教学目标的要求；这后 20 分钟的前一半（10 分钟左右）主要是"扩展阅读"，后一半（也是 10 分钟左右）则主要是"写话练习"（对于认知类教学目标，这后 20 分钟可以巩固、深化对当前所学知识技能的理解与掌握；对于情感类教学目标，这后 20 分钟则可以促进学生完成对情感、态度、价值观的感悟、体验与内化，特别有利于良好思想品德及综合素质的培养）。

大家看看，我们的"2-1-1 模式"是否有些翻转课堂的味道？

翻转课堂把听老师讲授放在课前的家里（看教师的视频录像），把学生的自主学习、自主探究则放在课堂上。

"跨越式教学"是把老师讲授放在一节课的前半段（前 20 分钟），把学生自主学习、自主探究则放在一节课的后半段（后 20 分钟）。

从表面上看，二者似乎完全不同，但若是从本质特征上看——即从二者都非常关注教师主导作用的发挥和学生的自主学习与探究，都非常关注"课堂教学结构"的根本变革这一本质特征上看，二者又是完全一致的。

下面我们再看"跨越式教学"的英语教学模式。

（二）小学与初中阶段英语学科的"教学模式模式"（"1-1-1模式"）

能实现小学与初中阶段英语课堂教学结构根本变革要求的较理想"教学模式"，若是从教学过程的时间安排看，可看作是由三阶段组成的"1-1-1模式"（若是从所包含的教学环节来划分，则可称之为"言语交际为中心"教学模式），其实施要领是：

（1）重视"教师引导的师生对话"。在低年段的英语教学模式下，教师引导的师生对话要同时完成"授新课"（不论教新单词还是教新句型均要运用这种方式）和为学生两两对话"做示范"这两项任务；

（2）重视"邻座学生的两两对话"。邻座两两对话有最大的参与度，能最有效地提高学生的听、说能力，从而能把提高学生口语交际能力的要求落到实处；但是对于小学低年段英语水平为零起点的学生来说，在课堂上"说什么"以及"怎么说"，是个大难题，这就要靠"教师引导的师生对话"来做示范，并且"邻座两两对话"必须与"教师引导的师生对话"密切配合才有可能解决这个难题；

（3）重视"扩展听读"。应从两个方面落实这一环节：一是，要提供生动有趣并与课文内容密切配合的扩展听读材料，而且每篇课文都要有 4 ~ 5 篇以上扩展听读材料的配合（即扩展听读材料应有数量和质量这两个方面的保证）；二是，要通过教学设计确保课上有较充裕的时间（10 分钟以上）让学生能听读完这些材料。

从英语的"1-1-1模式"同样可以看到，开头也是先由老师完成"授新课"任务（相当于翻转课堂的课前讲授），后面则是由学生两两对话练习和扩展听读（相当于翻转课堂的课内活动）。显然，这和翻转课堂的课前、课中两个环节的内容是相同的。只是现在的"授新课"不是通过"带读、跟读和词语讲解"来完成，而是通过师生交际来完成。

（三）小学高年段及初中的数学学科"教学模式"（"主导下的探究模式"）

能实现小学高年段以及初中数学课堂教学结构根本变革要求的较理想"教学模式"，若是从教学过程所包含的教学环节来划分，可看作是由五个环节组成的"教师主导下的探究模式"，其实施要领是：

（1）创设情境。教师创设与当前学习主题密切相关的真实情境，以激发学生的学习兴趣，并把全班学生的注意力吸引到当前学习主题上来；

（2）启发思考。教师提出与当前学习主题密切相关、并能引起学生深入思考的问题（这种问题的作用在于：引入新授的知识和拓展、迁移已学到的知识）；

（3）自主（或小组）探究。由学生运用认知工具对教师提出的问题进行自主（或小组）探究。对于数学学科所用的认知工具应是基于计算机软件的学习工具（例如几何画板、Z+Z 平台、Excel 制表工具等）；探究内容可以围绕新授知识，也可以用于拓展、迁移原有知识；

（4）协作交流。在小组之内或在全班范围进行协作交流；

（5）总结提高。在个人总结和小组总结基础上，教师加以补充与升华，使学生的认识由感性上升到理性，由浅层认知达到深层认知。

从上述"主导下探究"的数学教学模式不难看出，创设情境和启发思考是教师在"授新课"（相当于翻转课堂的课前讲授）；后三个环节是教师指导下自主探究、协作交流与总结提高（这正是翻转课堂的课内活动）。

仔细分析上述三种不同学科的教学模式，不难发现：三种教学模式的基本内容与翻转课堂的"课前、课中"两个环节的内容都很相似；三种模式实施的具体细节、操作方式尽管有所不同，但都非常关注并力图实现课堂教学系统四个要素（即教师、学生、教学内容和教学媒体）地位与作用的改变，也就是要努力变革传统课堂教学结构；而且，在每一种教学模式中，学生的自主学习时间都不少于一节课的 1/2——这正是"跨越式教学"与翻转课堂共同具有的本质特征。

如上所述，课堂教学结构的变革不是抽象的、空洞的，它应体现在课堂教学系统四个要素的地位和作用的改变上，事实上，国内外有许多学者对"教师""学生""教学内容"和"教学媒体"的地位和作用的改变，都分别做过相当深入的分析与研究（参看前面参考文献中曾经引用过的顾小清、焦建利、赵蔚、田爱丽、张新民、刘震等专家学者的有关论述），只是从来没有人把这四个要素综合在一起，因而未能抓住"变革课堂教学结构"这一至关重要的根本问题——我们认为，这才是问题的"关键所在"，也是翻转课堂的最为重要的本质特征。

第四节　中国式翻转课堂的未来发展

真正了解翻转课堂的本质特征以后，很多问题就都可以迎刃而解了。例如，翻转课堂向小学阶段的拓展将不再会有任何障碍（跨越式教学取得最显著效果的恰恰是小学阶段）——当然，得按"跨越式教学模式"来拓展。

网络化教学环境也不再是实现翻转课堂的限制条件——只要认识到网络化教学环境的作用主要是为改变"教学结构"中"学生"这个要素的地位、作用提供必要的工具手段（当然，如果具有网络化教学环境，那是最好不过的了，如果短时间做不到，甚至较长一段时间做不到，那也没关系——只要能够找到其他的能促进学生认知发展的认知工具以及能促进学生情感体验与内化的工具，就同样可以让学生进行有效的自主学习与自主探究）。我们近十年来，在农村十多个试验区所做的"跨越式教学"试验研究，就是把网络教学环境下的数字化资源优选以后，印刷成语文学科的"扩展阅读材料"和英语学科的"扩展听读材料"，发给每一位学生，从而在没有网络的教学环境下，同样起到了促进学生认知发展的认知工具以及促进学生情感体验与内化工具的作用，因而同样能取得良好效果（当然，如果有网络化教学环境，其效果将会更佳）。

可见，翻转课堂和"跨越式教学"之所以能取得显著成效，原因是一样的：它们二者都可以实现"课堂教学结构"的根本变革——这种说法是有坚实理论支撑的：

众所周知，人类社会自 20 世纪 90 年代进入信息时代以来，随着以多媒体计算机与网络通信为标志的信息技术日益广泛地应用于人们的工作、学习与生活的方方面面，并在经济、军事、医疗等领域显著地提高了生产力，从而在这些领域产生了重大的革命性影响。但令人遗憾的是，在信息技术应用于其他领域或部门（尤其是在工商企业部门）取得重大成效的同时，在教育领域的应用却成效不显著——大多数仍是只停留在手段、方法的应用，对于教育生产力的提升（即大批创新人才的培养），信息技术似乎成了可有可无、锦上添花的东西（而非必不可少的重要因素，更谈不上对教育发展产生革命性影响）。原因在哪里呢？

著名的乔布斯之问，提出的也是这样的问题[①]——"为什么计算机改变了几乎所有领域，却唯独对学校教育的影响小得令人吃惊！"

自 20 世纪 90 年代以来，国际上曾有许多专家学者对此进行过研究与探讨，都无功而返。只有 2010 年 11 月发布的《美国 2010 国家教育技术计划》[②]，通过认真回顾和总结近 30 年来企业部门应用技术的经验与教训，

[①] 桑新民，李曙华，谢阳斌."乔布斯之问"的文化战略解读——在线课程新潮流的深层思考[J].开放教育研究，2013（3）：30-41.

[②] National Education Technology Plan 2010[DB/OL].[2010-11-09].http://www.ed.gov

并与教育领域应用技术的现状作对比，才发现问题的症结所在，从而归纳出一个全新命题，这一命题的具体表述是：

"教育部门可以从企业部门学习的经验是，如果想要看到教育生产力的显著提高，就需要进行由技术支持的重大结构性变革（fundamental structural changes），而不是渐进式的修修补补（evolutionary tinkering）"（如前所述，我们把这一命题简称为"教育系统的结构性变革"命题）。

那么，教育系统的结构性变革又是指什么呢？教育系统包含"学校教育""家庭教育""社会教育""远程教育""终身教育"等多个组成部分，但其最重要、最核心的是"学校教育"——因为广大青少年的知识技能与思想品德主要是依靠学校培养，而广大青少年是我们国家的未来、民族的希望。既然学校教育系统是整个教育系统的主体与核心，那么，"教育系统结构性变革"的关键及主要内容，显然应当是"学校教育系统的结构性变革"。那么，"学校教育系统结构性变革"的内涵又是什么呢？

我们通过有关"课堂教学是学校教育主阵地"的简单而严密的逻辑推理已经证明："学校教育系统结构性变革"的具体内涵就是要实现课堂教学结构的根本变革。换句话说，"课堂教学结构变革"正是整个"教育系统结构性变革"的主体与核心。这就表明，翻转课堂和"跨越式教学"之所以能够取得显著成效绝不是偶然的，是由其本质特征——能"根本变革课堂教学结构"所决定的。

美国的翻转课堂起源于 2007 年，而中国的"跨越式教学"（从其真实内涵与本质特征看，也就是中国式的翻转课堂）早在 2000 年 8 月就已经开始了（整整早了 7 年）；美国的翻转课堂至今无法进入我国小学，也难以进入我国中西部的广大农村，而"跨越式教学"在这两个方面完全没有障碍（如上所述，"跨越式教学"取得的最大成功恰恰是在小学阶段。中西部的广大农村则是推广"跨越式教学"的广阔天地，目前跨越式的最大试验区正是在甘肃、新疆等贫困、偏远的农村地区）。

/technology /netp-2010.

参 考 文 献

[1] 向海涛.视觉表述[M].重庆：西南师范大学出版社，1996.

[2] 王方华.知识管理论[M].太原：山西经济出版社，2000.

[3] 陈玉琨等.课程改革与课程评价[M].北京：教育科学出版社，2001.

[4] 祝智庭.现代教育技术——走进信息化教育[M].北京：高等教育出版社，2001.

[5] 王吉庆.信息素养论[M].上海：上海教育出版社，2002.

[6] 刘捷.专业化：挑战21世纪的教师[M].北京：教育科学出版社，2002.

[7] 项国雄等.多媒体课件设计基础[M].北京：高等教育出版社，2003.

[8] 陈丽.现代远程教育学基础[M].北京：高等教育出版社，2004.

[9] 徐晓东.信息技术教育的理论与方法[M].北京：高等教育出版社，2004.

[10] 李运林，徐福荫.电视教材编导与制作[M].北京：高等教育出版社，2004.

[11] 黄荣怀，周跃良，王迎.混合式学习的理论与实践[M].北京：高等教育出版社，2006.

[12] 杨改学.现代远程教育[M].北京：国防工业出版社，2006.

[13] 荣曼生.教师信息素养论[M].哈尔滨：黑龙江教育出版社，2006.

[14] 王继新.信息化教育概论[M].武汉：华中师范大学出版社，2006.

[15] 顾小清.面向信息化的教师专业发展——行动学习的实践视角[M].北京：科学教育出版社，2006.

[16] 张一春.教师教育技术能力建构——信息化环境下的教师专业发展[M].南京：南京师范大学出版社，2007.

[17] 程智，梁瑞仪.教师专业发展与现代教育技术[M].广州：暨南大学出版社，2007.

[18] 陈琦，刘儒德.当代教育心理学[M].北京：北京师范大学出版社，2007.

[19] 周跃良.信息化环境中的教师专业发展[M].北京：科学教育出版社，2008.

[20] 张豪锋，张水潮.教育信息化与教师专业发展[M].北京：科学出版社，2008.

[21] 任友群等.教师教育信息化的理论与实践[M].上海:华东师范大学出版社，2009.

[22] 任友群等. 教师教育信息化的理论与实践[M]. 上海：华东师范大学出版社，2009.

[23] 钟晓燕. 教育信息化概论[M]. 重庆：西南师范大学出版社，2012.

[24] 刘凤娟. 教育信息化理论与应用研究[M]. 成都：西南交通大学出版社，2014.

[25] 田春艳，何春钢. 现代教育信息化理论的整合与创新研究[M]. 西安：西安交通大学出版社，2017.

[26] 何克抗. 论教育信息化发展新阶段[M]. 北京：北京师范大学出版社，2019.

[27] 何克抗. 中国特色创新型教育信息化理论与实践[M]. 北京：人民教育出版社，2019.

[28] 陈琳，陈耀华. 教育信息化概论[M]. 北京：科学出版社，2021.

图书在版编目（CIP）数据

教育信息化的时代发展与创新研究 / 吴翔著.-- 长春：吉林人民出版社，2022.8

ISBN 978-7-206-19117-6

Ⅰ．①教… Ⅱ．①吴… Ⅲ．①教育工作－信息化－研究 Ⅳ．①G43

中国版本图书馆 CIP 数据核字(2022)第 142320 号

教育信息化的时代发展与创新研究
JIAOYU XINXIHUA DE SHIDAI FAZHAN YU CHUANGXIN YANJIU

著　　者：吴　翔
责任编辑：孙　一　　　　　　　封面设计：张会丽
出版发行：吉林人民出版社(长春市人民大街 7548 号 邮政编码：130022)
印　　刷：北京市兴怀印刷厂
开　　本：710mm×1000mm　　　　1/16
印　　张：12.25　　　　　　　　字　　数：219 千字
标准书号：ISBN 978-7-206-19117-6
版　　次：2023 年 3 月第 1 版　　　印　　次：2023 年 3 月第 1 次印刷
定　　价：79.00 元